A TRANSFORMAÇÃO DA INTIMIDADE

FUNDAÇÃO EDITORA DA UNESP

Presidente do Conselho Curador
Herman Jacobus Cornelis Voorwald

Diretor-Presidente
José Castilho Marques Neto

Editor-Executivo
Jézio Hernani Bomfim Gutierre

Assessor Editorial
Antonio Celso Ferreira

Conselho Editorial Acadêmico
Alberto Tsuyoshi Ikeda
Célia Aparecida Ferreira Tolentino
Eda Maria Góes
Elisabeth Criscuolo Urbinati
Ildeberto Muniz de Almeida
Luiz Gonzaga Marchezan
Nilson Ghirardello
Paulo César Corrêa Borges
Sérgio Vicente Motta
Vicente Pleitez

Editores-Assistentes
Anderson Nobara
Arlete Zebber
Jorge Pereira Filho

ANTHONY GIDDENS

A TRANSFORMAÇÃO DA INTIMIDADE

SEXUALIDADE, AMOR E EROTISMO NAS SOCIEDADES MODERNAS

Tradução de
Magda Lopes

Copyright © 1992 by Anthony Giddens
Título original em inglês: *The Transformation of Intimacy*:
Sexuality, Love & Eroticism in Modern Societies.

Copyright © 1992 da tradução brasileira:
Direitos de publicação reservados à:
Fundação Editora da UNESP (FEU)
Praça da Sé, 108
01001-900 – São Paulo – SP
Tel.: (0xx11) 3242-7171
Fax: (0xx11) 3242-7172
www.editoraunesp.com.br
www.livrariaunesp.com.br
feu@editora.unesp.br

Dados Internacionais de Catalogação na Publicação (CIP)
(Câmara Brasileira do Livro, SP, Brasil)

Giddens, Anthony.
A transformação da intimidade: sexualidade, amor e erotismo nas sociedades modernas / Anthony Giddens; tradução de Magda Lopes. – São Paulo: Editora da Universidade Estadual Paulista, 1993 – (Biblioteca básica).

ISBN 85-7139-037-1

1. Amor 2. Erotismo 3. Intimidade (Psicologia) 4. Sexo – Aspectos sociais I. Título. II. Título: sexualidade, amor & erotismo nas sociedades modernas. III. Série.

93-0396   CDD-306-7

Índices para catálogo sistemático:
1. Intimidade e sexualidade: Sociologia 306.7
2. Sexualidade e intimidade: Sociologia 306.7

Editora Afiliada:

SUMÁRIO

7   Prefácio

9   Introdução

13 Experiências do cotidiano, relacionamentos, sexualidade

27 Foucault e a sexualidade

47 O amor romântico e outras ligações

59 Amor, compromisso e o relacionamento puro

77 Amor, sexo e outros vícios

99 O significado sociológico da codependência

125 Distúrbios pessoais, problemas sexuais

149 Contradições do relacionamento puro

175 Sexualidade, repressão, civilização

201 A intimidade como democracia

223 Índice remissivo

PREFÁCIO

Várias pessoas leram e comentaram os primeiros esboços deste livro. Tanto quanto permitiu a minha capacidade, tentei levar em consideração a maior parte das críticas levantadas. Sou especialmente grato às seguintes pessoas: Grant Barnes, Michèle Barrett, Teresa Brennan, Montserrat Guiberneau, Rebecca Harkin, David Held, Sam Hollick, Graham McCann, Heather Warwick, Jeffrey Weeks e um revisor anônimo da Stanford University Press. Gostaria também de agradecer a Avril Symonds por seu trabalho na preparação do manuscrito e a Helen Jeffrey por sua muito conscienciosa revisão das provas.

Pretendi produzir um livro que fosse acessível à maioria das pessoas com interesse em sua leitura. Assim sendo, sempre que possível evitei a linguagem técnica, mesmo ao me desviar para áreas intelectuais de alguma complexidade. Utilizei uma ampla variedade de fontes, mas, visando facilitar a leitura, reduzi a um mínimo as referências e as notas de rodapé. Um recurso que utilizei extensamente talvez necessite aqui de algum comentário: a literatura de autoajuda. Desprezada por muitos, para mim ela oferece *insights* de outro modo impossíveis, e eu me coloco deliberadamente tão próximo do gênero quanto possível, no desenvolvimento dos meus próprios argumentos.

INTRODUÇÃO

Sexualidade: tema que poderia parecer uma irrelevância pública – questão absorvente, mas essencialmente privada. Poderia ser também considerada um fator permanente, pois se trata de um componente biológico e, como tal, necessária à continuidade das espécies. Mas, na verdade, o sexo hoje em dia aparece continuamente no domínio público e, além disso, fala a linguagem da revolução. O que se diz é que durante as últimas décadas ocorreu uma revolução sexual; e as esperanças revolucionárias têm conduzido à reflexão sobre a sexualidade muitos pensadores, para os quais ela representa um reino potencial da liberdade, não maculado pelos limites da civilização atual.

Como se poderia interpretar tais afirmações? Essa questão impeliu-me a escrever este livro. Comecei a escrever sobre sexo. E deparei-me escrevendo quase outro tanto sobre o amor; e sobre os gêneros masculino e feminino. As próprias obras sobre sexo tendem a uma separação por gênero. Em alguns dos estudos mais notáveis sobre a sexualidade, escritos por homens, não há virtualmente nenhuma menção ao amor, e os gêneros aparecem como uma espécie de adendo. Atualmente, pela primeira vez na história, as mulheres reivindicam igualdade com os homens. No que se segue, não tento analisar até que ponto persistem as desigualdades entre os sexos nos domínios econômico ou político. Em vez disso, concentro-me em uma ordem emocional em que as mulheres – as mulheres comuns, que tratam de suas vidas cotidianas, e também os grupos conscientemente feministas – foram pioneiras em mudanças de grande e ampla importância. Estas dizem respeito essencialmente a uma exploração das potencialidades do "relacionamento puro", um relacionamento de igualdade sexual e emocional, explosivo em suas conotações em relação às formas preexistentes do poder do sexo.

A ascensão do amor romântico proporciona um estudo de caso das origens do relacionamento puro. Durante muito tempo, os ideais do amor romântico afetaram mais as aspirações das mulheres do que dos homens, embora, é claro, os homens também tenham sido influenciados por elas. O *ethos* do amor romântico teve um impacto duplo sobre a situação das mulheres. Por um lado, ajudou a colocar as mulheres "em seu lugar" – o lar. Por outro, entretanto, o amor romântico pode ser encarado como um compromisso ativo e radical com o "machismo" da sociedade moderna. O amor romântico pressupõe a possibilidade de se estabelecer um vínculo emocional durável com o outro, tendo-se como base as qualidades intrínsecas desse próprio vínculo. É o precursor do relacionamento puro, embora também permaneça em tensão em relação a ele.

A emergência do que eu chamo de sexualidade plástica é crucial para a emancipação implícita no relacionamento puro, assim como para a reivindicação da mulher ao prazer sexual. A sexualidade plástica é a sexualidade descentralizada, liberta das necessidades de reprodução. Tem as suas origens na tendência, iniciada no final do século XVIII, à limitação rigorosa da dimensão da família; mas torna-se mais tarde mais desenvolvida como resultado da difusão da contracepção moderna e das novas tecnologias reprodutivas. A sexualidade plástica pode ser caracterizada como um traço da personalidade e, desse modo, está intrinsecamente vinculada ao eu. Ao mesmo tempo, em princípio, liberta a sexualidade da regra do falo, da importância jactanciosa da experiência sexual masculina.

As sociedades modernas possuem uma história emocional secreta, mas prestes a ser completamente revelada. É uma história das buscas sexuais dos homens, mantidas separadas de suas identidades públicas. O controle sexual dos homens sobre as mulheres é muito mais que uma característica incidental da vida social moderna. À medida que esse controle começa a falhar, observamos mais claramente revelado o caráter compulsivo da sexualidade masculina – e este controle em declínio gera também um fluxo crescente da violência masculina sobre as mulheres. No momento, abriu-se um abismo emocional entre os sexos, e não se pode dizer com qualquer certeza quanto tempo ele levará para ser transposto.

Mas as possibilidades radicalizadoras da transformação da intimidade são bastante reais. Alguns têm declarado que a intimidade pode ser opressiva, e isso pode realmente ocorrer se ela for encarada como uma exigência de relação emocional constante. No entanto, se considerada como uma negociação transacional de vínculos pessoais, estabelecida por iguais, ela surge sob uma luz completamente diferente. A intimidade implica uma total democratização do domínio interpessoal, de uma maneira plenamente compatível com a democracia na esfera pública. Há também implicações adicionais. A transformação da intimidade poderia ser uma influência subversiva sobre as instituições modernas como um todo. Um mundo social em que a realização emocional substituísse a maximização do crescimento econômico seria muito diferente daquele que conhecemos hoje. As mudanças que atualmente afetam a sexualidade são, na verdade, revolucionárias e muito profundas.

EXPERIÊNCIAS DO COTIDIANO, RELACIONAMENTOS, SEXUALIDADE

Em sua novela *Before She Met Me*, Julian Barnes discute o destino de um certo Graham Hendrick, historiador acadêmico, que deixou sua mulher e começou um novo relacionamento com outra. No início do romance, Graham está com quase 40 anos, ficou 15 casado e, "na metade da vida", pôde "sentir o declínio". Em uma festa, que seria absolutamente comum, ele conhece Ann, que já foi uma atriz de filmes medíocres e depois tornou-se compradora de moda. Por alguma razão, o seu encontro com ela desperta nele sensações quase esquecidas de esperança e excitação. Sente-se "como se alguma linha de comunicação há muito rompida, com alguém de vinte anos atrás, de repente se restabelecesse" e ele sente-se "mais uma vez capaz de loucuras e idealismo".

Após uma série de encontros clandestinos, que se transformam em um caso intenso, Graham deixa sua mulher e filho e vai morar com Ann. Após o divórcio, os dois se casam. O âmago da novela diz respeito à descoberta progressiva de Graham sobre os amantes na vida de Ann, antes de seu aparecimento. Ela esconde pouca coisa, mas não fornece espontaneamente qualquer informação, a menos que ele perguntasse diretamente. Graham torna-se aos poucos obcecado por uma necessidade de descobrir os detalhes sexuais do passado de Ann. Assiste repetidas vezes aos pequenos papéis que Ann desempenhou na tela, tentando surpreender uma troca de olhares ou outros sinais que poderiam indicar que ela e um determinado homem com quem contracenou tivessem sido amantes. Às vezes ela admite que teve relações sexuais, mas na maioria nega insistentemente.

O desenvolvimento final da história é selvagem e sua conclusão subverte quase completamente o estilo de humor impassível em que é escrita a maior parte do livro. Através de uma pesquisa persistente, Graham descobre que seu melhor amigo, Jack – a quem ele confiou seus problemas em relação à vida de Ann "antes de me conhecer" – teve um envolvimento sexual com Ann alguns anos antes. Graham combina encontrar-se com seu amigo, a pretexto de continuar suas discussões, mas leva consigo uma faca, uma "lâmina de 15 cm, afinando de uma largura de 2,5 cm até uma ponta afiada". A certa altura, quando Jack volta as costas para ele para se ocupar de algo sem importância, Graham o golpeia. Quando Jack se vira, desconcertado, Graham lhe enterra a faca repetidas vezes, "entre o coração e os genitais". Depois de fazer um curativo em seu dedo, que cortara durante o assassinato, instala-se em uma cadeira com os restos de uma xícara de café que Jack havia feito para ele.

Nesse meio tempo, cada vez mais preocupada com a ausência de Graham, que se estendeu noite adentro, e tendo telefonado para a polícia e para os hospitais locais em um esforço infrutífero para descobrir o seu paradeiro, Ann faz uma busca na escrivaninha de Graham. Ali encontra documentos que atestam as investigações compulsivas de Graham sobre o seu passado – e descobre que ele sabe de seu caso com Jack (o único encontro sexual que ela realmente escondeu de Graham). Dirige-se ao apartamento de Jack e lá encontra Graham, juntamente com o corpo ensanguentado de Jack. Sem compreender por que, ela deixa Graham acalmá-la e amarrar seus braços com um pedaço de fio de eletricidade. Graham calcula que esse procedimento dar-lhe-á tempo suficiente para realizar o seu objetivo, antes que ela corra para o telefone em busca de ajuda. "Nem cordões de cortina; nem melodrama": pegando a faca, Graham faz um corte profundo de lado a lado de sua própria garganta. Em relação a Ann – "ele amava Ann, não havia qualquer dúvida sobre isso" – ele calculou mal. Ann se lança sobre o vidro de uma janela, gritando alto. Quando a polícia chega, a poltrona está totalmente ensopada de sangue e Graham está morto. A conclusão dos parágrafos finais do romance é de que Ann também se matou – inadvertidamente ou por qualquer outro motivo, não sabemos.

Before She Met Me não é essencialmente uma novela sobre o ciúme. Enquanto lê o material que Graham reuniu sobre ela, Ann reconhece que ciumento "era uma palavra que ela não utilizaria em relação a ele". O importante é que "ele não conseguia lidar com o passado dela".[1] O final é violento – incongruentemente, devido ao tom meio cômico do resto do livro –, mas frio. A violência de Graham é uma tentativa frustrada de dominação. Suas origens são deixadas completamente obscuras pelo novelista, algo que o próprio Graham desconhece. Os segredos que Graham busca descobrir na história sexual de Ann estão ligados ao inconformismo dela quanto ao que ele espera de uma mulher – o seu passado é incompatível com seus ideais. O problema é emocional; ele reconhece como é absurdo supor que Ann pudesse ter vida própria antes de tê-lo conhecido. Mas a sua independência sexual, mesmo quando ele ainda não "existia" para ela, é inaceitável, a tal ponto que o resultado final é uma violenta destruição. Para seu crédito, Graham tenta proteger Ann da violência que ela provocou nele; mas é claro que de algum modo ela também termina sendo envolvida.

Os acontecimentos descritos na novela são definitivamente contemporâneos; como uma discussão das vidas das pessoas comuns, a novela não poderia ter sido situada, digamos assim, um século atrás. Ela presume um grau significativo de igualdade sexual e, especificamente, depende do fato de que hoje é comum uma mulher ter muitos amantes antes de assumir (e mesmo du-

---

1. Todas as citações são de Julian Barnes, *Before She Met Me*, London: Picador, 1986.

rante, assim como depois de terminar) um envolvimento sexual "sério". É claro que sempre houve uma minoria de mulheres para as quais foi possível a variedade sexual, e também certa proporção de igualdade. Mas, em sua maioria, as mulheres têm sido divididas entre as virtuosas e as perdidas, e as "mulheres perdidas" só existiram à margem da sociedade respeitável. Há muito tempo a "virtude" tem sido definida em termos da recusa de uma mulher em sucumbir à tentação sexual, recusa esta amparada por várias proteções institucionais, como o namoro com acompanhante, casamentos forçados e assim por diante.

Os homens, no entanto, têm sido tradicionalmente considerados – e não apenas por si próprios – como tendo necessidade de variedade sexual para a sua saúde física. Em geral tem sido aceitável o envolvimento dos homens em encontros sexuais múltiplos antes do casamento, e o padrão duplo após o casamento era um fenômeno muito real. Como diz Lawrence Stone em seu estudo sobre a história do divórcio na Inglaterra, até muito recentemente existiu um padrão duplo rígido com respeito à experiência sexual dos homens e das mulheres. Um único ato de adultério por parte de uma esposa era "uma violação imperdoável da lei da propriedade e da ideia da descendência hereditária" e a descoberta punha em ação medidas altamente punitivas. O adultério por parte dos maridos, ao contrário, era amplamente "encarado como uma fraqueza lamentável, mas compreensível".[2]

Em um mundo de igualdade sexual crescente – ainda que tal igualdade esteja longe de ser completa –, ambos os sexos são levados a realizar mudanças fundamentais em seus pontos de vista e em seu comportamento em relação um ao outro. Os ajustes exigidos das mulheres são consideráveis, mas no livro, talvez pelo fato de o novelista ser um homem, esses ajustes não são nem representados nem retratados com muita simpatia. Barbara, primeira esposa de Graham, é descrita como uma criatura irritante,

---

2. Lawrence Stone, *The Road to Divorce, England 1530-1987*, Oxford: Oxford University Press, 1990, p. 7.

exigente, cujas atitudes ele acha desconcertantes; embora sinta um amor consistente por Ann, sua compreensão de seus pontos de vista e ações não é nem um pouco mais profunda. Seria até possível dizer que, apesar do intensivo trabalho de pesquisa que realizou sobre o passado de Ann, ele, na verdade, não chegou absolutamente a conhecê-la.

Graham tende a rejeitar o comportamento de Barbara e de Ann de uma maneira tradicional: as mulheres são seres emotivos, caprichosos, cujos processos de pensamento não caminham por linhas racionais. Mas sente compaixão por ambas, e particularmente por Ann, na ocasião da história. Sua nova esposa não é uma "mulher perdida" e ele não tem qualquer direito de tratá-la como tal. Quando ela vai se encontrar com Jack, após ter-se casado com Graham, rejeita firmemente os avanços dele. Mas Graham não consegue tirar de sua mente a ameaça que sente do que ocorreu antes de ela estar "sob seu controle".

O novelista transmite muito bem a natureza experimental e aberta do segundo casamento de Graham, que difere consideravelmente do primeiro. Fica claro que o seu primeiro casamento foi mais um fenômeno que "ocorreu naturalmente", baseado na divisão convencional entre a esposa doméstica e o ganha-pão masculino. Com Barbara, o casamento era uma coisa convencional, uma parte da vida não particularmente compensadora, assim como ter um emprego que não se aprecia muito, mas suporta-se por dever. Em contraste, o casamento com Ann é uma série complexa de interações que têm de ser constantemente negociadas e "cuidadas".[3] Em seu segundo casamento, Graham penetrou em um novo mundo que mal emergiu no tempo de sua juventude. É um mundo de negociação sexual, de "relacionamentos", em que as novas terminologias de "compromisso" e "intimidade" vieram à tona.

Before She Met Me é uma novela sobre a inquietação e a violência masculinas, em um mundo social que passa por profundas

---

3. Barnes, *Before She Met Me*, p. 55 ss.

transformações. As mulheres não admitem mais a dominação sexual masculina, e ambos os sexos devem lidar com as implicações desse fenômeno. A vida pessoal tornou-se um projeto aberto, criando novas demandas e novas ansiedades. Nossa existência interpessoal está sendo completamente transfigurada, envolvendo todos nós naquilo que chamarei de *experiências sociais do cotidiano*, com as quais as mudanças sociais mais amplas nos obrigam a nos engajar. Vamos proporcionar uma visão mais sociológica dessas mudanças, que têm a ver com o casamento e com a família, mas também diretamente com a sexualidade.

Mudança social e comportamento sexual

Em 1989, Lillian Rubin estudou as histórias sexuais de quase mil pessoas heterossexuais nos Estados Unidos, entre 18 e 48 anos de idade. Com esse estudo, ela ofereceu um testemunho que revela "uma história de mudança de proporções quase surpreendentes nas relações entre os homens e as mulheres" nas últimas décadas.[4] A vida sexual anterior dos pesquisados de mais de 40 anos contrastou dramaticamente com aquelas relatadas pelos grupos de menos idade. A autora prefacia o seu registro com as coisas que ocorreram com a geração mais velha através do seu próprio testemunho, ela própria sendo um membro daquela geração. Era virgem na ocasião do seu casamento, durante a Segunda Guerra Mundial, uma moça que "seguia todas as regras de sua época" e jamais teria "avançado o sinal". Não estava sozinha na determinação de marcos claros para estabelecer os limites de exploração sexual, compartilhando com suas amigas códigos de conduta. Seu futuro marido foi um participante ativo na garantia de que esses códigos seriam respeitados; seu senso dos "certos e errados" sexuais correspondia ao dela.

---

4. Lillian Rubin, *Erotic Wars*, New York: Farrar, Straus and Giroux, 1990, p. 8.

A virgindade antes do casamento, por parte das garotas, era apreciada por ambos os sexos. Poucas garotas revelavam o fato de permitirem a um namorado uma relação sexual completa – e muitas só admitiam que tal coisa acontecesse se estivessem formalmente comprometidas com o rapaz em questão. As garotas mais sexualmente ativas eram depreciadas pelas outras, assim como pelos próprios homens que buscavam "se aproveitar" delas. Assim como a reputação das garotas estava apoiada em sua capacidade de resistir, ou conter, os avanços sexuais, a dos rapazes dependia das conquistas sexuais que poderiam realizar. Segundo o depoimento de um homem de 45 anos, a maior parte dos rapazes conseguia tais conquistas apenas "circulando com uma *daquelas* garotas, as vadias".

Quando observamos a atividade sexual dos adolescentes hoje, a distinção da garota decente/garota vadia ainda se aplica em certo grau, assim como a ética da conquista masculina. Mas outras atitudes, por parte de muitas adolescentes em particular, mudaram radicalmente. As garotas acham que têm o direito de se envolver na atividade sexual, incluindo a relação sexual, em qualquer idade que lhes pareça apropriada. Na pesquisa de Rubin, virtualmente nenhuma garota adolescente fala em "se guardar" para o noivado e para o casamento. Em vez disso, falam uma linguagem de romance e compromisso que reconhece a natureza potencialmente finita de seus envolvimentos sexuais anteriores. Assim, em resposta a uma pergunta de Rubin sobre suas atividades sexuais com seu namorado, uma entrevistada de 16 anos de idade observou, "Nós nos amamos, por isso não há razão para que não devamos fazer amor". Rubin então perguntou em que extensão ela considerava um vínculo prolongado com seu parceiro. Sua resposta foi: "Você quer saber se nós vamos nos casar? A resposta é não. Ou se estaremos juntos no próximo ano? Não posso responder a isso agora; ainda falta muito tempo até lá. A maior parte dos jovens não fica junto por muito tempo. Mas não temos vontade de estar com ninguém mais enquanto estamos juntos. Isso é um compromisso, não é?"[5]

---

5. Ibid., p. 61.

Nas gerações anteriores, a prática convencional era a adolescente sexualmente ativa desempenhar o papel de inocente. Esta relação hoje está geralmente revertida: a inocência, quando necessária, desempenha o papel de falsa. De acordo com as descobertas de Rubin, as mudanças no comportamento e nas atitudes sexuais das garotas têm sido muito mais pronunciadas do que entre os rapazes. Ela conversou com alguns rapazes que eram sensíveis quanto às ligações entre sexo e compromisso, e que resistiram à comparação entre o sucesso sexual e o valor masculino. A maioria, entretanto, falou com admiração sobre amigos que saíam com várias garotas, enquanto condenou as garotas que faziam o mesmo. As poucas garotas da amostra de Rubin que disputavam o comportamento sexual masculino o fizeram abertamente e com algum desafio; diante de tais ações, a maioria dos rapazes reagiu com um sentimento de ultraje. Eles ainda desejavam a inocência, pelo menos de certo tipo. Várias mulheres jovens a quem Rubin entrevistou, no momento de se casarem, acharam necessário mentir a seus futuros maridos sobre a extensão de suas experiências sexuais anteriores.

Um dos achados mais notáveis da pesquisa de Rubin, confirmado por outras pesquisas e que se aplica a todas as faixas etárias, é a ampla variedade das atividades sexuais em que a maior parte das pessoas se engaja ou julga apropriado que outros participem, se este é o seu desejo. Assim sendo, entre as mulheres e os homens acima dos 40, menos de um entre dez teve relação oral durante a adolescência; para cada geração sucessiva, a proporção aumenta. Entre a atual geração de adolescentes, embora não universalmente praticado, o sexo oral é encarado como uma parte normal do comportamento sexual. Todo adulto entrevistado por Rubin já teve pelo menos alguma experiência nesse sentido – isso em uma sociedade em que o sexo oral é ainda descrito como "sodomia" nos códigos civis e é, na verdade, ilegal em 24 Estados.

A maior parte dos homens aceita bem o fato de as mulheres terem se tornado mais disponíveis sexualmente, e declaram que em qualquer vínculo sexual prolongado desejam uma parceira que seja intelectual e economicamente igual a eles. Mas, segundo as descobertas de Rubin, demonstram um desconforto óbvio e profundamente arraigado quando defrontados com as implicações de tais preferências. Dizem que as mulheres "perderam a capacidade para a bondade", que "não sabem mais como entrar em acordo" e que "as mulheres de hoje não querem ser esposas, querem esposas". Os homens declaram que desejam igualdade, mas muitos também fazem declarações sugerindo que rejeitam o que isso significa para eles ou ficam desconcertados a respeito. "Como você poderia contribuir para educar as crianças?", perguntou Rubin a Jason, um homem que, segundo suas próprias palavras, "não tinha problemas com as mulheres fortemente agressivas". Sua resposta: "Certamente, estou desejando fazer tudo o que posso. Não pretendo ser um pai ausente, mas alguém tem de assumir a maior parte da responsabilidade... E não vou dizer que eu possa fazer isso, porque não posso. Tenho a minha carreira, e ela é muito importante para mim, é aquilo por que eu trabalhei durante toda a minha vida".[6]

A maior parte das pessoas, homens e mulheres, chega atualmente ao casamento trazendo com elas uma reserva substancial de experiência e conhecimento sexual. Para elas não é abrupta a transição entre os encontros furtivos desajeitados ou ilícitos e a sexualidade mais segura, mas também com a frequência mais exigente do leito nupcial. Os casais recém-casados de hoje são em sua maioria experientes sexualmente, e não há período de aprendizado sexual nos primeiros estágios do casamento, mesmo quando os indivíduos envolvidos não viveram um com o outro previamente.

No entanto, Rubin mostra que muito mais é esperado sexualmente do casamento, tanto pelas mulheres quanto pelos homens, do que em geral ocorria nas gerações anteriores. As mulheres esperam tanto receber quanto proporcionar prazer sexual, e muitas começaram a considerar uma vida sexual compensadora

---

6. Ibid., p. 146.

como um requisito-chave para um casamento satisfatório. A proporção de mulheres casadas há mais de cinco anos que têm encontros sexuais extraconjugais é, hoje em dia, virtualmente a mesma que aquela dos homens. O padrão duplo ainda existe, mas as mulheres não são mais tolerantes diante da perspectiva de que, enquanto os homens necessitam de variedade e pode-se esperar que se envolvam em aventuras extraconjugais, elas não se comportem do mesmo modo.

O que podemos concluir sobre as mudanças sociais genéricas a partir de tal pesquisa, realizada com um número limitado de pessoas, apenas em um país? Podemos aprender, penso eu, essencialmente o que precisamos saber para os propósitos deste estudo. É inquestionável que, de um ponto de vista mais amplo, as transformações do tipo levantado por Rubin estão ocorrendo na maior parte das sociedades ocidentais – e em alguma extensão também em outras partes do mundo. É claro que há divergências significativas entre países, subculturas e camadas socioeconômicas diferentes. Alguns grupos, por exemplo, colocam-se à margem do tipo de mudanças descritas, ou tentam ativamente resistir a elas. Algumas sociedades apresentam uma história de tolerância sexual mais longa do que outras e as mudanças que estão experimentando talvez não sejam tão radicais quanto nos Estados Unidos. Em muitas, entretanto, tais mudanças estão ocorrendo em oposição a valores sexuais subjacentes, mais repressores do que aqueles característicos da sociedade americana de várias décadas atrás. Para as pessoas que vivem nesses contextos, sobretudo para as mulheres, as transformações que estão atualmente ocorrendo são dramáticas e perturbadoras.

Heterossexualidade, homossexualidade

A pesquisa de Rubin trata apenas das atividades heterossexuais. Sua decisão de excluir as experiências homossexuais é estranha, devido ao fato, já revelado por Kinsey, de que uma proporção muito alta de homens, assim como uma proporção substancial de mulheres, tomaram parte em atos homossexuais em algum momento de suas vidas. Kinsey descobriu que apenas cerca de 50% de todos os homens americanos eram, em seus termos, "exclusivamente heterossexuais", ou seja, não participaram de atividades homossexuais, nem sentiram desejos homossexuais. Eram exclusivamente homossexuais ou convictamente bissexuais 18%. Entre as mulheres, 2% eram exclusivamente homossexuais, 13% das outras se envolveram em alguma forma de atividade homossexual, enquanto outros 15% declararam ter tido impulsos homossexuais, mas sem realizá-los.[7]

Os achados de Kinsey escandalizaram, na época, um público descrente. Entretanto, no último quarto de século a homossexualidade foi afetada por mudanças tão profundas quanto aquelas que influenciaram a conduta heterossexual. Na ocasião em que os livros de Kinsey foram publicados, a homossexualidade ainda era considerada em grande parte da literatura clínica como uma patologia, uma forma de distúrbio psicossexual, ao lado de tantos outros – fetichismo, *voyeurismo*, travestismo, satiríase, ninfomania etc. Continua a ser encarada como uma perversão por muitos heterossexuais – isto é, como especificamente não natural e a ser moralmente condenada. Mas o próprio termo "perversão" desapareceu quase completamente da psiquiatria clínica, e a aversão sentida por muitos em relação à homossexualidade não recebe mais um apoio substancial da profissão médica.

A "emergência" da homossexualidade é um processo muito real, com consequências importantes para a vida sexual em geral. Foi assinalado pela popularização da autodenominação *gay*, um exemplo daquele processo reflexivo em que um fenômeno social pode ser apropriado e transformado através do compromisso coletivo. *Gay*, é claro, sugere colorido, abertura e legitimidade, um grito muito diferente da imagem da homossexualidade antes

---

7. Alfred C. Kinsey et al., *Sexual Behaviour in the Human Male*, Philadelphia: Saunders, 1948; *Sexual Behaviour in the Human Female*, Philadelphia: Saunders, 1953.

sustentada por muitos homossexuais praticantes, assim como pela maioria dos indivíduos heterossexuais. As comunidades culturais *gays* que surgiram nas cidades americanas, assim como em muitas áreas urbanas da Europa, proporcionaram uma nova face pública para a homossexualidade. Em um nível mais pessoal, no entanto, o termo *gay* também trouxe com ele uma referência cada vez mais difundida à sexualidade como uma qualidade ou propriedade do *eu*. Uma pessoa "tem" uma sexualidade, *gay* ou outra qualquer, que pode ser reflexivamente alcançada, interrogada e desenvolvida.

Desse modo, a sexualidade torna-se livre; ao mesmo tempo em que *gay* é algo que se pode "ser", e "descobrir-se ser", a sexualidade abre-se a muitos propósitos. Assim, *The Kinsey Institute New Report on Sex*, publicado em 1990, descreve o caso de um homem de 65 anos de idade cuja mulher morreu depois de um casamento feliz que durou 45 anos. Um ano depois da morte de sua esposa, ele se apaixonou por um homem. Segundo seu próprio testemunho, jamais havia sentido atração por um homem ou fantasiado sobre atos homossexuais. Esse indivíduo agora professa abertamente sua orientação sexual alterada, embora tenha de enfrentar o problema de "o que dizer aos filhos".[8] Será que há alguns anos ele teria concebido a possibilidade de poder transformar desta maneira a sua "sexualidade"? Ele entrou em um novo mundo de maneira muito semelhante àquele de Graham.

A ideia do "relacionamento" emerge tão fortemente nas subculturas *gays* quanto na mais heterossexual população. É comum os homossexuais masculinos terem uma diversidade de parceiros sexuais, com os quais o contato pode ser apenas passageiro – resumido na cultura das saunas, antes de o advento da aids levar ao seu virtual desaparecimento. Em um estudo realizado no final da década de 1970, perguntou-se a cerca de 600 homossexuais masculinos nos Estados Unidos quantos

---

8. June M. Reinisch, Ruth Beasley, *The Kinsey Institute New Report on Sex*, Harmondsworth: Penguin, 1990, p. 143.

parceiros sexuais eles haviam tido; cerca de 40% declarou o número de 500 ou mais.[9] Poderia parecer que encontramos aqui um universo social de um movimento desmedido da sexualidade masculina, em que encontros de uma noite transformaram-se em coitos casuais de dez minutos. Mas, na verdade, uma alta proporção de homens *gays*, e a maioria das mulheres lésbicas, estão todo o tempo em uma relação de coabitação com um parceiro. Os mesmos estudos recém-citados concluíram que a maior parte das pessoas pesquisadas esteve relacionada com um parceiro principal pelo menos uma vez por um período de dois anos ou mais. A pesquisa realizada pelo Instituto Kinsey no início da década de 1980, baseada em entrevistas com várias centenas de homens homossexuais, concluiu que virtualmente todos estiveram, em uma ocasião ou outra, em um relacionamento firme por pelo menos um ano.[10] As mulheres e os homens *gays* precederam a maioria dos heterossexuais no estabelecimento de relacionamentos no sentido que o termo veio a assumir hoje, quando aplicado à vida pessoal. Assim, tiveram de "seguir" sem estruturas de casamento tradicionalmente adotadas, em condições de relativa igualdade entre os parceiros.

Hoje em dia a "sexualidade" tem sido descoberta, revelada e propícia ao desenvolvimento de estilos de vida bastante variados. É algo que cada um de nós "tem", ou cultiva, não mais uma condição natural que um indivíduo aceita como um estado de coisas preestabelecido. De algum modo, que tem de ser investigado, a sexualidade funciona como um aspecto maleável do *eu*, um ponto de conexão primário entre o corpo, a autoidentidade e as normas sociais.

Tais mudanças não são em parte alguma melhor demonstradas que no caso da masturbação, outrora o símbolo terrível da sexualidade fracassada. A masturbação "surgiu" tão abertamente

---
9. Ibid., p. 145.
10. Ibid., p. 145.

quanto a homossexualidade. O Relatório Kinsey concluiu que 90% dos homens e 40% das mulheres, em algum período de suas vidas, praticaram a masturbação. Dados de pesquisas mais recentes elevaram essas proporções a quase 100% no caso dos homens e em torno de 70% das mulheres. Igualmente relevante: a masturbação é amplamente recomendada como uma fonte importante de prazer sexual e ativamente encorajada como um modo de melhorar a resposta sexual por parte de ambos os sexos.[11]

De que modo as mudanças que foram discutidas interagem com as transformações na vida pessoal? Como as mudanças das últimas décadas se relacionam com influências mais prolongadas sobre a conduta sexual? Responder a essas perguntas significa investigar como se originou a "sexualidade", o que ela é e como veio a ser algo que os indivíduos "possuem". Esses problemas constituem a minha preocupação no livro como um todo. Mas, nos últimos anos, uma obra dominou o pensamento sobre essas questões e podemos fazer uma abordagem inicial delas através de uma breve apreciação crítica do relato de Michel Foucault sobre a história da sexualidade.

Para evitar possíveis más interpretações, devo enfatizar que um encontro prolongado com o pensamento de Foucault seria deslocado neste estudo, e não tento algo desse tipo. As brilhantes inovações de Foucault colocam certas questões-chave de forma jamais pensada anteriormente. Em minha opinião, entretanto, seus escritos são também profundamente defeituosos, tanto a respeito das afirmações mais históricas que faz quanto das que infere. Os admiradores de Foucault ficarão decepcionados: não justifico essas afirmações em qualquer detalhe. Não obstante, minhas diferenças com Foucault emergem com bastante clareza na substância dos argumentos que desenvolvo; utilizo a sua obra principalmente como um contraponto, através do qual esclareço esses argumentos.

---

11. W. H. Masters, V. E. Johnson, *Human Sexual Response*, Boston: Little, Brown, 1966.

FOUCAULT E A SEXUALIDADE

Em *The History of Sexuality*, Foucault decide atacar o que, em uma expressão famosa, ele chama de "a hipótese repressiva".[1] De acordo com esse ponto de vista, as instituições modernas nos compelem a pagar um preço – a repressão crescente – pelos benefícios que oferecem. Civilização significa disciplina, e disciplina, por sua vez, implica controle dos impulsos interiores, controle este que, para ser eficaz, tem de ser interno. Quem fala em modernidade fala em superego. O próprio Foucault parecia aceitar algo de uma perspectiva similar em seus escritos anteriores, considerando a vida social moderna como intrinsecamente vinculada à ascensão do "poder disciplinar", característico da prisão e do asilo, mas também de outras organizações, tais como empresas comerciais, escolas ou hospitais. O poder disciplinar supostamente produzia "corpos dóceis", controlados e regulados em suas atividades, em vez de espontaneamente capazes de atuar sobre os impulsos do desejo.

O poder aparece aqui, acima de tudo, como uma força de repressão. No entanto, do modo como Foucault passou a avaliá-lo,

---

1. *The History of Sexuality* foi publicada em três volumes, dos quais o volume 1: *Uma Introdução*, Harmondsworth: Pelican, é sem dúvida o mais pertinente aqui.

o poder é um fenômeno mobilizador e não apenas um fenômeno que estabelece limites; e aqueles que estão sujeitos ao poder disciplinar não são, de modo algum, necessariamente dóceis em suas reações. O poder, por isso, pode ser um instrumento para a produção do prazer: não se coloca apenas em oposição a ele. A "sexualidade" não deve ser compreendida somente como um impulso que as forças sociais têm de conter. Mais que isso, ela é "um ponto de transferência especialmente denso para as relações de poder", algo que pode ser subordinado como um foco de controle social pela própria energia que, impregnada de poder, ela gera.

O sexo não é conduzido às escondidas na civilização moderna. Ao contrário, vem sendo continuamente discutido e investigado. Tornou-se parte de "um grande sermão", substituindo a tradição mais antiga da pregação teológica. As declarações sobre repressão sexual e o sermão da transcendência reforçam-se mutuamente; a luta pela liberação sexual faz parte do mesmo mecanismo de poder que ela denuncia. E Foucault pergunta retoricamente se alguma outra ordem social tem se preocupado de forma tão persistente e intensa com o sexo.

O século XIX e o início do XX são a principal preocupação de Foucault em seu encontro com a hipótese repressiva. Durante esse período, a sexualidade e o poder tornaram-se interligados de muitas maneiras distintas. A sexualidade desenvolveu-se como um segredo que, a seguir, teve de ser incessantemente guardado, e contra o qual era preciso se precaver. Tomemos o caso da masturbação. Campanhas inteiras foram montadas por médicos e educadores para conter esse perigoso fenômeno e esclarecer suas consequências. Entretanto, tanta atenção lhe foi dada que podemos suspeitar que o objetivo não fosse sua eliminação, mas sim a organização e o desenvolvimento do indivíduo, física e mentalmente.

Esse foi também o caso, prossegue Foucault, das numerosas perversões catalogadas por psiquiatras, médicos e outros profissionais. Essas formas diversas de aberração sexual foram ao mesmo tempo abertas à exibição pública e transformadas em princípios de classificação da conduta, da personalidade e da autoidentidade individuais. O propósito não era terminar com as perversões, mas atribuir-lhes "uma realidade analítica, visível e permanente"; elas foram "implantadas nos corpos, furtivamente introduzidas em modos de conduta indignos". Por isso, na legislação pré-moderna, a sodomia era definida como um ato proibido, mas não era uma qualidade ou um padrão de comportamento de um indivíduo. No entanto, o homossexual do século XIX tornou-se "um personagem, um superado, um registro de caso", assim como "um tipo de vida, uma forma de vida, uma morfologia". "Não devemos imaginar", nas palavras de Foucault,

> que todas estas coisas anteriormente toleradas chamassem a atenção e recebessem uma designação pejorativa quando a época acabava de outorgar um papel regulador ao único tipo de sexualidade capaz de reproduzir o poder do trabalho e a forma da família... Foi através do isolamento, da intensificação e da consolidação das sexualidades periféricas que as relações de poder vinculadas ao sexo e ao prazer se espalharam e multiplicaram, avaliaram o corpo e penetraram nos modos de conduta.[2]

Muitas culturas e civilizações tradicionais fomentaram as artes de sensibilidade erótica; mas apenas a sociedade ocidental moderna desenvolveu uma ciência da sexualidade. Na opinião de Foucault, esta surgiu da associação do princípio da confissão com o acúmulo de conhecimento sobre o sexo.

O sexo tornou-se de fato o ponto principal de um confessionário moderno. Segundo Foucault, o confessionário católico foi sempre um meio de controle da vida sexual dos fiéis. Envolvia muito mais que apenas as indiscrições sexuais, e tanto o padre quanto o penitente interpretavam a confissão de tais pequenos delitos em termos de uma ampla estrutura ética. Como parte da Contrarreforma, a Igreja tornou-se mais insistente em relação à confissão regular, e todo o processo foi intensificado. Não apenas os atos, mas também os pensamentos, as fantasias e todos os detalhes

---

2. Ibid., p. 47-8.

relacionados ao sexo deveriam ser trazidos à tona e examinados. A "carne" de que somos legatários na doutrina cristã, que inclui alma e corpo combinados, era a origem imediata daquela preocupação sexual moderna característica: o desejo sexual.

Em algum momento no final do século XVIII, a confissão como penitência transformou-se na confissão como interrogatório. Foi transportada para diversos discursos – desde o registro de caso e o tratado científico até panfletos escandalosos, como o anônimo *My Secret Life*. O sexo é um "segredo" criado pelos textos que o repudiam e, ao mesmo tempo, por aqueles que o celebram. Acreditava-se que o acesso a este segredo revelasse a "verdade": a sexualidade é fundamental ao "regime da verdade", característico da modernidade. A confissão, em seu sentido moderno, "envolve todos aqueles procedimentos através dos quais o sujeito é estimulado a produzir um discurso da verdade a respeito da sua sexualidade capaz de produzir efeitos sobre o próprio sujeito".[3]

Por isso, equipes de técnicos, sexólogos e especialistas variados estão prontas para escavar o segredo que ajudaram a criar. O sexo é dotado de vastos poderes causais e parece influenciar muitas ações diversas.[4] O próprio esforço dispendido na investigação transforma o sexo em algo clandestino, sempre resistente à observação despreocupada. Como a loucura, a sexualidade não é um fenômeno já existente, aguardando análise racional e correção terapêutica. O prazer erótico se transforma em "sexualidade" à medida que a sua investigação produz textos, manuais e estudos que distinguem a "sexualidade normal" de seus domínios patológicos. A verdade e o segredo do sexo foram determinados pela busca e pelo acesso fácil a tais "descobertas".

---

3. Michel Foucault, "The confession of the flesh", in Colin Gordon, *Michel Foucault: Power/Knowledge*, Hemel Hempstead: Harvester, 1980, p. 215-16.
4. Michel Foucault, "Technologies of the self", in Luther H. Martin et al., *Technologies of the Self*, London: Tavistock, 1988, p. 16. "Ao contrário de outras interdições, as interdições sexuais estão constantemente relacionadas com a obrigação de se contar a verdade sobre si mesmo."

No século XIX, o estudo e a criação de discursos sobre o sexo levaram ao desenvolvimento de vários contextos de poder e de conhecimento. Um deles dizia respeito às mulheres. A sexualidade feminina foi reconhecida e imediatamente reprimida – tratada como a origem patológica da histeria. Outro tinha a ver com as crianças; a "descoberta" de que as crianças são sexualmente ativas estava ligada à declaração de que a sexualidade das crianças era "contrária à natureza". Outro contexto referia-se ao casamento e à família. O sexo no casamento deveria ser responsável e autocontrolado; não apenas limitado ao casamento, mas ordenado de modos distintos e específicos. A contracepção era desencorajada. Supunha-se que o controle da dimensão da família devesse emergir espontaneamente da busca disciplinada pelo prazer. Finalmente, foi preparado um catálogo das perversões e descritos os modos de tratamento.

Para Foucault, a invenção da sexualidade foi parte de alguns processos distintos envolvidos na formação e consolidação das instituições sociais modernas. Os Estados modernos e as organizações modernas dependem do controle meticuloso das populações através do tempo e do espaço. Tal controle foi gerado pelo desenvolvimento de uma "anatomopolítica do corpo humano" – tecnologias do controle corporal que visam ao ajuste, mas também à otimização, das aptidões do corpo. A "anatomopolítica" é, por sua vez, uma questão central no reino do biopoder mais amplamente estabelecido.[5]

O estudo do sexo, observa Foucault em uma entrevista, é cansativo. Além de tudo, por que engendrar mais outro discurso para acrescentar à multiplicidade que já existe? O interessante é a emergência de um "mecanismo da sexualidade", uma "administração positiva do corpo e do prazer".[6] Foucault acabou se concentrando cada vez mais nesse "mecanismo" em relação ao eu, e seus estudos sobre o sexo no mundo clássico ajudam a

---

5. Foucault, The History of Sexuality, v. 1, p. 142.
6. Foucault, "The confession of the flesh".

esclarecer a questão do modo como ele a vê.[7] Os gregos estavam preocupados em promover o "cuidado do eu", mas de uma maneira "diametralmente oposta" ao desenvolvimento do eu na ordem social moderna, que, em seu aspecto mais extremo, ele às vezes rotula de "o culto californiano do eu". Entre esses dois, mais uma vez, estava a influência da cristandade. No mundo antigo, pelo menos entre a classe superior, o cuidado do eu estava integrado a uma ética da existência cultivada, estética. Para os gregos, segundo Foucault, a alimentação e a dieta eram muito mais importantes que o sexo. A cristandade substituiu a visão clássica pela ideia de um eu que tem de ser renunciado: o eu é algo a ser decifrado e sua verdade, identificada. No "culto californiano do eu", "supõe-se descobrir o seu próprio eu, separá-lo do que poderia obscurecê-lo ou aliená-lo, e decifrar a sua verdade graças à ciência psicológica ou psicanalítica".[8]

A sexualidade e a mudança institucional

Para Foucault, a "sexualidade" é, na verdade, um termo que aparece pela primeira vez no século XIX. A palavra existia no jargão técnico da Biologia e da Zoologia já em 1800, mas somente próximo ao final do século ela veio a ser usada amplamente em um sentido mais próximo do significado que tem hoje para nós – como o que o *Oxford English Dictionary* se refere como "a qualidade de ser sexual ou possuir sexo". A palavra aparece nesse sentido em um livro, publicado em 1889, preocupado com o porquê de

---

7. Michel Foucault, Prefácio a *The History of Sexuality*, v. 2: *The Use of Pleasure*, Harmondsworth: Penguin, 1987.
8. Michel Foucault, "On the genealogy of ethics: an overview of work in progress", in Paul Rabinow, *The Foucault Reader*, Harmondsworth: Penguin, 1986, p. 362. Para melhor discussão secundária de Foucault e o "eu", ver Lois McNay, *Foucault and Feminism*, Cambridge: Polity, 1992.

as mulheres estarem predispostas a várias enfermidades que não afetam os homens – algo atribuído à "sexualidade" das mulheres.[9] O fato de ela estar originalmente relacionada a tentativas de se manter sob controle a atividade sexual feminina é amplamente demonstrado na literatura da época. A sexualidade emergiu como uma fonte de preocupação, necessitando de soluções; as mulheres que almejavam prazer sexual eram definitivamente anormais. Segundo as palavras de um especialista médico, "o que é a condição habitual do homem [excitação sexual] é a exceção nas mulheres".[10]

A sexualidade é uma elaboração social que opera dentro dos campos do poder, e não simplesmente um conjunto de estímulos biológicos que encontram ou não uma liberação direta. Mas não podemos aceitar a tese de Foucault de que há um caminho de desenvolvimento mais ou menos direto, desde um "fascínio" vitoriano pela sexualidade até os tempos mais recentes.[11] Há contrastes importantes entre a sexualidade revelada pela literatura médica vitoriana, e ali efetivamente marginalizada, e a sexualidade como um fenômeno cotidiano em milhares de livros, artigos e outras fontes descritivas atuais. Além disso, as repressões da era vitoriana e as posteriores foram, em alguns aspectos, muito reais, como podem plenamente atestar várias gerações de mulheres.[12]

---

9. Stephen Heath, *The Sexual Fix*, London: Macmillan, 1982, p. 7-16.
10. Citado em Ibid., p. 17.
11. Para uma versão de tal visão, ver Heath, *The Sexual Fix*.
12. Lawrence Stone, "Passionate attachments in the West in historical perspective", in William Gaylin e Ethel Person, *Passionate Attachments*, New York: Free Press, 1988. Tem havido muitas discussões sobre a "hipótese repressiva". Ver, por exemplo, Peter Gay, *The Bourgeois Experience*, Oxford: Oxford University Press, v. 1, 1984; v. 2, 1986. Cf. também com James MaHood e Kristine Wenburg, *The Mosher Survey*, New York: Arno, 1980, que diz respeito a um estudo de 45 mulheres vitorianas, conduzido por Celia Mosher. De seus entrevistados, 34% disseram que "sempre" ou "geralmente" experimentavam orgasmo nas ações sexuais, um índice que se compara favoravelmente com o Relatório Kinsey sobre as mulheres. O extraordinário trabalho de Ronald Hyam, *Empire and Sexuality*, Manchester: Manchester University Press, 1990, demonstra que o "vitorianismo" não pode

É difícil, senão impossível, compreender essas questões se permanecemos na posição teórica geral desenvolvida por Foucault, em que as únicas forças impulsionadoras são o poder, o discurso e o corpo. Nos escritos de Foucault, o poder se movimenta de maneiras misteriosas e a história, como a realização ativamente elaborada das questões humanas, mal existe. Por isso, aceitamos os seus argumentos sobre as origens sociais da sexualidade, mas vamos situá-los em uma estrutura interpretativa diferente. Foucault colocou demasiada ênfase na sexualidade em detrimento do gênero sexual. Silenciou quanto às conexões da sexualidade com o amor romântico, fenômeno intimamente vinculado às mudanças na família. Além disso, sua discussão da natureza da sexualidade permanece em grande parte no nível do discurso – e, nesse nível, as formas mais específicas de discurso. Finalmente, deve-se colocar em questão a sua concepção do eu em relação à modernidade.

Foucault declara que a sexualidade no período vitoriano era um segredo, mas um segredo aberto, ininterruptamente discutido em diferentes textos e em fontes médicas. O fenômeno do diversificado debate médico é importante, em grande parte, pelas razões que apresenta. Mas seria claramente um erro supor-se que o sexo era amplamente representado, analisado ou avaliado em fontes disponíveis à massa do público. As revistas médicas e outras publicações semioficiais só eram acessíveis a muito poucos; e, até a última parte do século XIX, a maior parte da população não era sequer alfabetizada. O confinamento da sexualidade às áreas técnicas de discussão era uma forma de censura de fato; esta literatura não era disponível à maioria, mesmo em se tratando da população educada. Tal censura afetava tangivelmente mais as mulheres que os homens. Muitas mulheres casavam-se virtualmente sem qualquer conhecimento sobre sexo, exceto o

---

ser compreendido se for limitado à Grã-Bretanha. A "repressão" em seu país acompanhou o abuso sexual espalhado nos domínios imperiais – por parte dos colonizadores do sexo masculino.

de que ele estava relacionado aos impulsos indesejáveis dos homens e tinha de ser suportado. Assim, era comum uma mãe dizer para sua filha, "Depois do seu casamento, minha querida, coisas desagradáveis vão-lhe acontecer, mas não tome conhecimento delas; eu jamais tomei".[13] Eis Amber Hollibaugh, ativista lésbica, fazendo uma convocação nos anos 80 para uma "manifestação" de mulheres que irá revelar abertamente anseios até então não inteiramente enunciados:

> Onde estão todas as mulheres que não se revelam docilmente e nem querem se revelar; elas não sabem do que gostam, mas pretendem descobrir; são as amantes das sapatões ou das mulheres femininas; que gostam de foder os homens; praticam o sadomasoquismo consensual; sentem-se mais como viados que como lésbicas; adoram vibradores, penetração, ternos; gostam de suar, de falar palavrões, de ver a expressão de ansiedade de coito nos rostos de seus amantes; são confusas e precisam tentar as suas próprias ideias experimentais de paixão; e sentem tesão com a ejaculação de um *gay*?[14]

O fascínio pelo sexo mencionado por Foucault está claro aqui na exortação extática de Hollibaugh; porém, mesmo por uma análise superficial, poder-se-ia indagar se qualquer coisa não seria mais interessante que os tediosos textos médicos, de autores homens, que ele descreve. Como passamos de um ponto a outro por um período de pouco mais de um século?

Se seguíssemos Foucault, as respostas a estas questões pareceriam muito fáceis. Seria possível argumentar-se que a obsessão vitoriana por sexo chegou finalmente a uma culminação com Freud, que, partindo de uma perplexidade em relação às mulheres histéricas, veio a encarar a sexualidade como o âmago de toda a

---

13. Citado em Carol Adams, *Ordinary Lives*, London: Virago, 1982, p. 129.
14. Amber Hollibaugh, "Desire for the future: radical hope in passion and pleasure", in Carole S. Vance, *Pleasure and Danger. Exploring Female Sexuality*, London: Routledge, 1984, p. 403.

experiência humana. Mais ou menos na mesma ocasião, Havelock Ellis e outros sexólogos começaram a atuar, declarando que a busca do prazer sexual por parte de ambos os sexos é desejável e necessária. A partir daí estaremos muito próximos, passando por Kinsey e Masters & Johnson, de uma obra como *Treat Yourself to Sex*, em que o leitor é comparado sexualmente a um aparelho de rádio: "Pergunte a si mesmo por que você deixou de se divertir com a transmissão. Com que frequência desfrutou de um programa inesperado, descoberto por acaso quando brincava com os botões?"[15]

Mas as coisas não são tão simples. Para explicar como tais mudanças ocorrem, temos de nos afastar de uma excessiva ênfase no discurso e examinar fatores em grande parte ausentes da análise de Foucault. Alguns dizem respeito a influências muito antigas, enquanto outros estão confinados a um período mais recente.

Vou indicar, de forma breve apenas, as tendências mais antigas, embora a sua importância geral seja fundamental, uma vez que determinam o cenário para aquelas que afetam a fase posterior. Durante o século XIX, a formação dos laços matrimoniais, para a maior parte dos grupos na população, baseava-se em outras considerações além dos julgamentos de valor econômico. Ideias de amor romântico, antes de tudo exercendo a sua principal influência sobre os grupos burgueses, foram difundidas em grande parte pela ordem social. "Ser romântico" passou a ser sinônimo de cortejar, e os "romances" foram a primeira forma de literatura a alcançar uma população de massa. A difusão dos ideais do amor romântico foi um fator que tendeu a libertar o vínculo conjugal de laços de parentesco mais amplos e proporcionou-lhe um significado especial. Maridos e esposas eram vistos cada vez mais como colaboradores em um empreendimento emocional conjunto, este tendo primazia até mesmo sobre suas obrigações para com seus filhos. O "lar" passou a ser considerado um am-

---

15. Paul Brown e Carolyn Faulder, *Treat Yourself to Sex*, Harmondsworth: Penguin, 1979, p. 35.

biente distinto, separado do trabalho, e, pelo menos em princípio, converteu-se em um local onde os indivíduos poderiam esperar apoio emocional, em contraste com o caráter instrumental do local de trabalho. Particularmente importantes em relação à sexualidade, as pressões para se constituírem famílias grandes, características virtuais de todas as culturas pré-modernas, deram lugar a uma tendência a se limitar de uma forma rigorosa o tamanho da família. Tal prática, aparentemente uma estatística demográfica inocente, colocou um dedo no gatilho histórico, no que dizia respeito à sexualidade. Pela primeira vez, para uma população maciça de mulheres, a sexualidade se aparta de um círculo crônico de gravidez e parto.

A contração no tamanho da família foi historicamente não só uma condição, mas também uma consequência da introdução dos métodos modernos de contracepção. É claro que o controle da natalidade há muito já tinha seus defensores, em sua maioria mulheres, mas o movimento do planejamento familiar só teve uma influência considerável na maior parte dos países após a Primeira Guerra Mundial. Uma mudança na postura oficial do Reino Unido, até aquela data com frequência veementemente hostil, foi assinalada quando Lord Dawson, médico do rei, declarou com relutância em um discurso à Igreja em 1921: "O controle da natalidade veio para ficar. É um fato consumado e, por bem ou por mal, tem de ser aceito... Nenhuma denúncia vai derrubá-lo". Sua opinião perturbou muitos. O *Sunday Express* declarou em resposta, "Lord Dawson deve ser afastado!"[16]

A contracepção efetiva significava mais que uma capacidade aumentada de se limitar a gravidez. Associada a outras influências, já citadas, que afetaram o tamanho da família, marcou uma profunda transição na vida pessoal. Para as mulheres – e, em certo sentido, diferente também para os homens – a sexualidade tornou-se maleável, sujeita a ser assumida de diversas maneiras, e uma "propriedade" potencial do indivíduo.

---

16. Citado em Adams, *Ordinary Lives*, p. 138.

A sexualidade passou a fazer parte de uma progressiva diferenciação entre o sexo e as exigências da reprodução. Com a elaboração adicional de tecnologias reprodutivas, essa diferenciação hoje em dia tornou-se completa. Agora que a concepção pode ser artificialmente produzida, mais que apenas artificialmente inibida, a sexualidade fica afinal plenamente autônoma. A reprodução pode ocorrer na ausência de atividade sexual; esta é uma "libertação" final para a sexualidade, que daí em diante pode tornar-se totalmente uma qualidade dos indivíduos e de suas relações mútuas.

A criação da sexualidade plástica, agravada por sua antiquíssima integração com a reprodução, os laços de parentesco e a procriação, foi a condição prévia da revolução sexual das últimas décadas. Para a maior parte das mulheres, na maior parte das culturas, e através da maior parte dos períodos da história, o prazer sexual, quando possível, estava intrinsecamente ligado ao medo de gestações repetidas, e, por isso, da morte, dada a substancial proporção de mulheres que morriam no parto e aos índices muito altos então prevalecentes de mortalidade de bebês. Romper com essas conexões foi, portanto, um fenômeno com implicações realmente radicais. Pode-se dizer que a aids reintroduziu a conexão da sexualidade com a morte, mas esta não é uma reversão à antiga situação, pois a aids não faz distinção entre os sexos.

Do ponto de vista dos gêneros masculino e feminino, a "revolução sexual" dos últimos trinta ou quarenta anos não é apenas, ou mesmo primariamente, um avanço neutro na permissividade sexual. Ela envolve dois elementos básicos. Um deles é a revolução na autonomia sexual feminina – concentrada naquele período, mas possuindo antecedentes que remontam ao século XIX.[17] Suas consequências para a sexualidade masculina são profundas e trata-se muito mais de uma revolução inacabada.

---

17. Este ponto é desenvolvido com alguns detalhes em Barbara Ehrenreich et al., *Re-making Love*, London: Fontana, 1987.

O segundo elemento é o florescimento da homossexualidade, masculina e feminina. Homossexuais de ambos os sexos demarcaram um novo campo sexual bem mais adiante do sexualmente "ortodoxo". Cada um desses desenvolvimentos tem relação com o livre-arbítrio sexual proclamado pelos movimentos sociais da década de 1960, mas a contribuição de tal livre-arbítrio para a emergência da sexualidade plástica não foi necessária nem particularmente direta. Estamos lidando aqui com mudanças muito mais profundas e irreversíveis do que aquelas provocadas por tais movimentos, por mais importantes que eles tenham sido na facilitação de discussões mais livres sobre a sexualidade, o que anteriormente não era possível.

Reflexividade institucional e sexualidade

Na análise do desenvolvimento sexual, Foucault certamente está correto ao declarar que o discurso torna-se essencial à realidade social que ele retrata. Desde que há uma nova terminologia para se compreender a sexualidade, as ideias, os conceitos e as teorias expressos nesses termos penetram a própria vida social e ajudam a reordená-la. Para Foucault, no entanto, esse processo surge como uma intrusão determinada e direta do "poder-conhecimento" na organização social. Sem negar a sua conexão com o poder, devemos considerá-lo mais como um fenômeno de reflexividade institucional em constante movimento. É institucional por ser o elemento estrutural básico da atividade social nos ambientes modernos. É reflexivo no sentido de que os termos introduzidos para descrever a vida social habitualmente chegam e a transformam – não como um processo mecânico, nem necessariamente de uma maneira controlada, mas porque se tornam parte das formas de ação adotadas pelos indivíduos ou pelos grupos.

Uma expansão da reflexividade institucional é uma característica distintiva das sociedades modernas no passado relativamente recente. A maior mobilidade geográfica, os meios de comunicação de massa e muitos outros fatores extraíram elementos da tradição da vida social que há muito tempo resistiam – ou se adaptavam – à modernidade. A contínua incorporação reflexiva do conhecimento não apenas se introduz na brecha, ela proporciona precisamente um ímpeto básico às mudanças que ocorrem nos contextos pessoais, e também globais, da ação. Na área do discurso sexual, os textos que informam, analisam e comentam a sexualidade, na prática, são de muito mais longo alcance em seus efeitos do que aqueles abertamente propagandistas, que recomendam a busca pelo prazer sexual. Os Relatórios Kinsey, assim como outros que os seguiram, objetivavam analisar o que estava se passando em uma área particular da atividade social, como toda pesquisa social busca fazer. Mas quando foram divulgados, também influenciaram, iniciando ciclos de debate, reinvestigação e mais debates. Estes tornaram-se parte de um domínio público amplo, mas também serviram para modificar opiniões de leigos sobre as próprias ações e envolvimentos sexuais. Sem dúvida, o aspecto "científico" de tais investigações ajuda a neutralizar a inquietação moral em relação à adequação das práticas sexuais peculiares. Entretanto, o mais importante é que o avanço de tais pesquisas assinala e contribui para uma aceleração da reflexividade das práticas sexuais habituais, cotidianas.

Em minha opinião, tudo isso tem pouco a ver com o confessionário, mesmo no sentido mais geral em que esse termo é utilizado por Foucault. A discussão de Foucault desse tópico, por mais que suscite reflexão, parece absolutamente equivocada. Podemos concordar que a terapia e o aconselhamento, incluindo a psicanálise, tornam-se cada vez mais proeminentes à medida que as sociedades modernas amadurecem; sua centralidade, no entanto, não é um resultado do fato de eles proporcionarem "procedimentos regulamentados para a confissão do sexo", como declara Foucault.[18] Ainda que consideremos apenas a psicanálise,

---

18. Foucault, "The confession of the flesh".

a comparação com o confessionário é demasiado forçada para ser convincente. No confessionário assume-se que o indivíduo é prontamente capaz de fornecer a informação requerida. A psicanálise, contudo, supõe que os bloqueios emocionais, derivados do passado, inibam um autoconhecimento e uma autonomia de ação por parte do indivíduo.[19] A interpretação de Foucault do desenvolvimento do eu nas sociedades modernas deveria também ser posta em questão de uma maneira mais básica. Em vez de se considerar o eu como sendo construído por uma "tecnologia" específica, deveríamos reconhecer que a autoidentidade torna-se particularmente problemática na vida social moderna, particularmente nos períodos mais recentes. As características fundamentais de uma sociedade de alta reflexividade são o caráter "aberto" da autoidentidade e a natureza reflexiva do corpo. Para as mulheres que estão lutando para se libertar de papéis sexuais preexistentes, a questão "Quem eu sou?" – que Betty Frieden rotulou como "o problema que não possui nome"[20] – vem à tona com particular intensidade. O mesmo é válido para os homossexuais masculinos e femininos que contestam os estereótipos heterossexuais dominantes. A questão é de identidade sexual, mas não apenas isso. Hoje em dia, o eu é para todos um projeto reflexivo – uma interrogação mais ou menos contínua do passado, do presente e do futuro.[21] É um projeto conduzido em meio a uma profusão de recursos reflexivos: terapia e manuais de autoajuda de todos os tipos, programas de televisão e artigos de revistas.

Diante desse cenário, podemos interpretar as contribuições de Freud à cultura moderna sob uma luz diferente daquela de Foucault. A importância de Freud não foi o fato de ele ter proporcionado à preocupação moderna com o sexo a sua formulação

---

19. Jacques-Alain Miller, contribuição a Foucault, "The confession of the flesh". Ver também Mark Cousins e Athar Hussain, *Michel Foucault*, London: Macmillan, 1984, p. 212-15.
20. Betty Frieden, *The Feminine Mystique*, Harmondsworth: Penguin, 1965.
21. Anthony Giddens, *Modernity and Self-Identity*, Cambridge: Polity, 1991.

mais convincente. Mais que isso, Freud revelou as conexões entre a sexualidade e a autoidentidade, quando elas eram ainda inteiramente obscuras, e ao mesmo tempo mostrou que essas conexões são problemáticas. A psicanálise tem suas origens no tratamento médico das patologias de comportamento, e foi encarada por Freud como um método de combate à neurose. É sob esta luz que ela é compreendida até hoje por muitos de seus profissionais, assim como pela maior parte das outras formas de terapia que ajudou a inspirar. A psicanálise pode curar as neuroses – embora o seu sucesso nesse aspecto seja discutível. Sua importância específica é que ela proporciona um ambiente e uma base rica de recursos teóricos e conceituais para a criação de uma narrativa reflexivamente ordenada do eu. Em uma situação terapêutica, seja ou não de um tipo psicanalítico clássico, os indivíduos são capazes (em princípio) de conduzir o seu passado "de acordo" com as exigências do presente, consolidando um enredo emocional com o qual eles se sentem relativamente satisfeitos.

O que se aplica ao eu aplica-se também ao corpo. Este, obviamente, é, em certo sentido – ainda a ser determinado –, o domínio da sexualidade. Assim como a sexualidade e o eu, ele está hoje intensamente impregnado de reflexividade. O corpo tem sido sempre adornado, acarinhado e, às vezes, na busca de ideais mais elevados, mutilado ou debilitado. O que explica, porém, nossas distintas preocupações com a aparência e o controle físicos, atualmente, que diferem de algumas maneiras óbvias daquelas preocupações mais tradicionais? Foucault tem uma resposta, e esta conduz à sexualidade. Ele diz que as sociedades modernas, em um contraste específico com o mundo pré-moderno, dependem da criação do biopoder. Mas esta é, no máximo, uma meia verdade. Certamente, o corpo torna-se um foco do poder disciplinar. Mas, mais que isso, torna-se um portador visível da autoidentidade, estando cada vez mais integrado nas decisões individuais do estilo de vida.

A reflexividade do corpo se acelera de um modo fundamental com a invenção da dieta em seu significado moderno – diferente, é claro, do antigo –, algo que, como um fenômeno de massa, data de várias décadas atrás. A dieta está ligada à introdução de uma "ciência" da nutrição e, portanto, ao poder disciplinar no sentido de Foucault; mas também situa a responsabilidade pelo desenvolvimento e pela aparência do corpo diretamente nas mãos do seu proprietário. O que um indivíduo come, mesmo entre os mais materialmente carentes, torna-se uma questão reflexivamente impregnada de seleção dietética. Hoje em dia, toda a gente nos países desenvolvidos, com exceção dos muito pobres, faz "uma dieta". Com a eficiência cada vez maior dos mercados mundiais, não somente o alimento é abundante, mas uma variedade de gêneros alimentícios está disponível o ano todo para o consumidor. Nessas circunstâncias, o que se come é uma escolha do estilo de vida, influenciado, e construído, por um imenso número de livros de culinária, tratados médicos populares, guias nutricionais etc. Causa algum espanto que os distúrbios da alimentação tenham substituído a histeria como as patologias de nossa época? Causa algum espanto que tais distúrbios afetem principalmente as mulheres, particularmente as mulheres jovens? A dieta associa a aparência física, a autoidentidade e a sexualidade no contexto das mudanças sociais que os indivíduos lutam para enfrentar. Atualmente, corpos emagrecidos não mais atestam uma devoção extática, mas a intensidade dessa batalha secular.

O declínio da perversão

Entretanto, o que poderíamos concluir do declínio da "perversão"? Como se explica que ações sexuais que um dia foram tão severamente condenadas, e às vezes permanecem formalmente ilegais, sejam hoje tão extensamente praticadas e, em muitos círculos, ativamente estimuladas? Mais uma vez, é bastante fácil traçar a sua história superficial. Os sexólogos e também Freud, e pelo menos alguns de seus seguidores mais heterodoxos, subverteram muito as ênfases morais da ideia de perversão. Os muito discutidos *Three Essays on the Theory of Sexuality* de Freud, publicados pela primeira vez em 1905, buscavam demonstrar que os traços sexuais associados à perversão, longe de estarem restritos a pequenas categorias de pessoas anormais, são qualidades comuns à sexualidade de toda gente. Por isso, concluiu Freud, é "inadequada a utilização da palavra perversão como um termo acusatório".[22] Similarmente, Havelock Ellis também declarou que o termo é inaceitável, substituindo-o por "desvio sexual".

Pode-se afirmar que, em uma época subsequente, grupos e movimentos interessados começaram ativamente a reivindicar aceitação social e legitimidade legal para a homossexualidade, contestando inclusive a terminologia de desvio. Assim, por exemplo, nos Estados Unidos, grupos como a Mattachine Society e as Daughters of Bilitis foram estabelecidos como o ponto culminante do macartismo. A subsequente criação de grandes comunidades *gays* proporcionou um florescimento de novos grupos e associações, muitos deles promovendo preferências sexuais minoritárias. A batalha para assegurar a tolerância pública à homossexualidade provocou o "aparecimento" de outras organizações interessadas na promoção do pluralismo sexual. Como declara Jeffrey Weeks:

> Não parece mais um grande continente de normalidade cercado por pequenas ilhas de distúrbios. Em vez disso, podemos agora presenciar uma grande quantidade de ilhas, grandes e pequenas... Surgiram novas categorias e minorias eróticas. Aquelas mais antigas experimentaram um processo de subdivisão como preferências especiais, atitudes específicas, e as necessidades tornaram-se a base para a proliferação de identidades sexuais.[23]

Expressa de outra maneira, a diversidade sexual, embora ainda encarada como perversão por muitos grupos hostis, saiu dos cadernos de anotações dos registros de casos de Freud para o mundo social cotidiano.

---

22. Sigmund Freud, "The sexual aberrations", in *Three Essays on the Theory of Sexuality*, Standard Edition, London: Hogarth, 1953, p. 160.
23. Jeffrey Weeks, *Sexuality*, London: Tavistock, 1986, cap. 4.

Considerado nesses termos, o declínio da perversão pode ser compreendido como uma batalha parcialmente bem-sucedida sobre os direitos da autoexpressão no contexto do Estado democrático liberal. Ocorreram vitórias, mas as confrontações continuam e as liberdades alcançadas ainda poderiam ser plausivelmente coibidas por um movimento reacionário. Os homossexuais ainda enfrentam um preconceito profundamente enraizado e, muito comumente, uma violência aberta. Suas lutas emancipatórias encontram resistências talvez tão profundas quanto aquelas que continuam a obstruir o acesso das mulheres à igualdade social e econômica.

Não há razão para duvidar-se de tal interpretação. Mas, mais uma vez, há outra maneira de se ver as coisas, sugerindo que a substituição incipiente da perversão pelo pluralismo seja parte de um conjunto de mudanças de bases amplas, essencial à expansão da modernidade. A modernidade está associada à socialização do mundo natural – a substituição progressiva das estruturas e dos acontecimentos que eram parâmetros externos da atividade humana por processos socialmente organizados. Não apenas a própria vida social, mas também o que costumava ser "natureza", passam a ser dominadas por sistemas socialmente organizados.[24] A reprodução um dia foi parte da natureza e a atividade heterossexual era inevitavelmente o seu ponto principal. Uma vez que a sexualidade tornou-se um componente "integral" das relações sociais, como resultado de mudanças já discutidas, a heterossexualidade não é mais um padrão pelo qual tudo o mais é julgado. Ainda não atingimos um estágio em que a heterossexualidade é aceita como apenas uma preferência entre outras, mas esta é a implicação da socialização da reprodução.

Esta visão do declínio da perversão não é inconsistente com a outra visão, pois a tolerância tem sempre de ser combatida no domínio público. Ela proporciona, no entanto, uma interpretação em que a emergência da sexualidade plástica tem um lugar

---

24. Giddens, *Modernity and Self-Identity*.

primordial. Terei muito mais a dizer sobre a sexualidade plástica nas páginas que se seguem. Mas antes de tudo vou me concentrar naquilo que Foucault especificamente negligencia: a natureza do amor; em particular, a ascensão dos ideais do amor romântico. A transmutação do amor é tanto um fenômeno da modernidade quanto a emergência da sexualidade, e está diretamente relacionada às questões da reflexividade e da autoidentidade.

O AMOR ROMÂNTICO E OUTRAS LIGAÇÕES

"O Amor", observa Bronislaw Malinowski em seu estudo sobre os habitantes da Ilha Trobriand, "é uma paixão, tanto para o melanésio quanto para o europeu, e atormenta a mente e o corpo em maior ou menor extensão; conduz muitos a um *impasse*, um escândalo ou uma tragédia; mais raramente, ilumina a vida e faz com que o coração se expanda e transborde de alegria."[1] Numerosos exemplos de poesia de amor sobrevivem entre as relíquias do Antigo Egito, alguns remontando a antes de 1000 a.C. O amor é ali retratado como um esmagamento do eu, e, portanto, é semelhante a uma espécie de doença, embora também possua poderes ocultos:

> *The sight of her makes me well!*
> *When she opens her eyes my body is young,*
> *Her speaking makes me strong;*
> *Embracing her expels my malady –*
> *Seven days since she went from me!*[2]

---

1. Bronislaw Malinowski, *The Sexual Life of Savages*, London: Routledge, 1929, p. 69.
2. Citado em Martin S. Bergmann, *The Anatomy of Loving*, New York: Columbia, 1987, p. 4. A sua visão me faz bem!/Quando ela abre os olhos, meu corpo rejuvenesce, ela fala, eu me sinto forte;/Abraçá-la expulsa meus males/Há sete dias ela me deixou!/

Embora o uso secular da palavra "paixão" – distinto de sua utilização mais antiga, significando paixão religiosa – seja relativamente moderno, faz sentido considerar-se o amor apaixonado, *amour passion*,[3] como a expressão de uma conexão genérica entre o amor e a ligação sexual. O amor apaixonado é marcado por uma urgência que o coloca à parte das rotinas da vida cotidiana, com a qual, na verdade, ele tende a se conflitar. O envolvimento emocional com o outro é invasivo – tão forte que pode levar o indivíduo, ou ambos os indivíduos, a ignorar as suas obrigações habituais. O amor apaixonado tem uma qualidade de encantamento que pode ser religiosa em seu fervor. Tudo no mundo parece de repente viçoso, embora talvez ao mesmo tempo não consiga captar o interesse do indivíduo que está tão fortemente ligado ao objeto do amor. O amor apaixonado é especificamente perturbador das relações pessoais, em um sentido semelhante ao do carisma; arranca o indivíduo das atividades mundanas e gera uma propensão às opções radicais e aos sacrifícios.[4] Por essa razão, encarado sob o ponto de vista da ordem e do dever sociais, ele é perigoso. Dificilmente surpreende que o amor apaixonado não tenha sido em parte alguma reconhecido como uma base necessária ou suficiente para o casamento, e na maior parte das culturas tem sido refratário a ele.

---

3. O termo é de Stendhal, mas eu não sigo o significado que ele lhe atribuiu, ou a classificação dos tipos de amor que ele apresentou. Podia-se observar, entre parênteses, que, no período inicial de seu desenvolvimento, a Ciência Social estava intimamente interligada à especulação sobre a natureza do amor e também às divisões entre os sexos. Stendhal foi fortemente influenciado por Destutt de Tracy e referia-se à sua obra sobre o amor como "um livro de ideologia". Pretendia que fosse um "discurso sobre ideias", porém, também assume a forma de uma investigação social. O fascínio de Comte pelo amor está documentado em seus últimos escritos e evidenciado por sua ligação com Clothilde de Vaux. Entretanto, durante o período "clássico" da formação da Sociologia moderna, essas influências ficaram submersas. Durkheim, por exemplo, que se sentia muito atraído por Comte em outros aspectos, teve pouco tempo para a obra tardia de Comte e referia-se a ela com algum desprezo.
4. Francesco Alberoni, *Falling in Love*, New York: Random House, 1983.

O amor apaixonado é um fenômeno mais ou menos universal. Devo dizer que ele deveria ser diferenciado do amor romântico, muito mais culturalmente específico. Nas páginas que seguem vou tentar identificar algumas características distintivas do amor romântico e buscar as suas implicações. O meu propósito é antes de tudo analítico; não estou preocupado em escrever uma história do amor romântico, nem sequer em miniatura. Entretanto, para começar, é necessária uma breve interpretação histórica.

Casamento, sexualidade e amor romântico

Na Europa pré-moderna, a maior parte dos casamentos eram contraídos, não sobre o alicerce da atração sexual mútua, mas o da situação econômica. Entre os pobres, o casamento era um meio de organizar o trabalho agrário. Era improvável que uma vida caracterizada pelo trabalho árduo e contínuo conduzisse à paixão sexual. Tem sido relatado que, entre os camponeses da França e da Alemanha do século XVII, o beijo, a carícia e outras formas de afeição física associadas ao sexo eram raros entre os casais casados. No entanto, as oportunidades para os homens se envolverem em ligações extraconjugais eram com frequência muito numerosas.[5]

Somente entre os grupos aristocráticos a licenciosidade sexual era abertamente permitida entre as mulheres "respeitáveis". A liberdade sexual acompanha o poder e é uma expressão do poder; em certas épocas e locais, nas camadas aristocráticas, as mulheres eram suficientemente liberadas das exigências da reprodução e do trabalho rotineiro para poderem buscar o seu prazer sexual independente. Evidentemente, isso jamais esteve relacionado ao casamento. A maior parte das civilizações parece ter criado

---

5. Michael Mitterauer e Reinhard Sieder, *The European Family*, Oxford: Blackwell, 1982, p. 126-9. Todavia, estas declarações são controvertidas entre os historiadores.

histórias e mitos que carregam a mensagem de que aqueles que buscam criar ligações permanentes devido a um amor apaixonado são condenados.

A diferenciação entre a sexualidade "casta" do casamento e o caráter erótico ou apaixonado dos casos extraconjugais era absolutamente comum entre outras aristocracias, além daquelas da Europa. Específica da Europa era a emergência dos ideais do amor intimamente relacionados aos valores morais da cristandade.[6] O preceito de que era preciso devotar-se a Deus para conhecê-lo, e que através desse processo alcançar-se-ia o autoconhecimento tornou-se parte de uma unidade mística entre o homem e a mulher. A idealização temporária do outro, típica do amor apaixonado, aqui se associou a um envolvimento mais permanente com o objeto do amor, e certa reflexividade já estava presente, mesmo anteriormente.[7]

O amor romântico, que começou a marcar a sua presença a partir do final do século XVIII, utilizou tais ideais e incorporou elementos do *amour passion*, embora tenha-se tornado distinto deste. O amor romântico introduziu a ideia de uma narrativa para uma vida individual – fórmula que estendeu radicalmente a reflexividade do amor sublime. Contar uma história é um dos sentidos do "romance", mas esta história tornava-se agora individualizada, inserindo o eu e o outro em uma narrativa pessoal, sem ligação particular com os processos sociais mais amplos. O início do amor romântico coincidiu mais ou menos com a emergência da novela: a conexão era a forma narrativa recém-descoberta.

O complexo de ideias associadas ao amor romântico pela primeira vez vinculou o amor com a liberdade, ambos sendo considerados estados normativamente desejáveis. O amor apaixonado tem sido sempre libertador, mas apenas no sentido de gerar uma

---

6. Isto é discutido de uma maneira particularmente sutil em Niklas Luhmann, *Love as Passion*, Cambridge: Polity, 1986, cap. 5.
7. Beatrice Gottlieb, "The meaning of clandestine marriage", in Robert Wheaton e Tamara K. Hareven, *Family and Sexuality in French History*, Philadelphia: University of Pennsylvania Press, 1980.

quebra da rotina e do dever. Foi precisamente esta qualidade do *amour passion* que o colocou à parte das instituições existentes. Os ideais do amor romântico, ao contrário, inseriram-se diretamente nos laços emergentes entre a liberdade e a autorrealização. Nas ligações de amor romântico, o elemento do amor sublime tende a predominar sobre aquele do ardor sexual. A importância desse ponto dificilmente pode ser muito enfatizada. A ideia do amor romântico é, neste aspecto, tão historicamente rara quanto os traços que Max Weber encontrou associados na ética protestante.[8] O amor rompe com a sexualidade, embora a abarque; a "virtude" começa a assumir um novo sentido para ambos os sexos, não mais significando apenas inocência, mas qualidades de caráter que distinguem a outra pessoa como "especial".

Frequentemente considera-se que o amor romântico implica atração instantânea – "amor à primeira vista". Entretanto, na medida em que a atração imediata faz parte do amor romântico, ela tem de ser completamente separada das compulsões sexuais/eróticas do amor apaixonado. O "primeiro olhar" é uma atitude comunicativa, uma apreensão intuitiva das qualidades do outro. É um processo de atração por alguém que pode tornar a vida de outro alguém, digamos assim, "completa".

A ideia de "romance", no sentido que o termo veio a assumir no século XIX, tanto expressou quanto contribuiu para as mudanças seculares, afetando a vida social como um todo.[9] A modernidade é inseparável da ascendência da razão, no sentido de que se supõe que a compreensão racional dos processos físicos e sociais substitui a regra arbitrária do misticismo e do dogma. A razão não abre espaço para a emoção, que simplesmente fica fora do seu domínio; mas na verdade a vida emocional passava a ser reordenada nas condições variáveis das atividades cotidianas. Até o início da Era Moderna, os encantamentos, filtros e afrodi-

---

8. Max Weber, *The Protestant Ethic and the Spirit of Capitalism*, London: Allen and Unwin, 1976.
9. Lawrence Stone, *The Family, Sex and Marriage in England, 1500-1800*, Harmondsworth: Pelican, 1982, p. 189 ss.

síacos do amor faziam parte do estoque de homens e mulheres "malandros", aos quais se podia recorrer para auxiliar no manejo dos caprichos dos envolvimentos sexuais. Como alternativa, o padre poderia ser consultado. No entanto, o destino do indivíduo nas ligações pessoais, e também em outras esferas, estava ligado a uma ordem cósmica mais ampla. O "romance", como foi entendido do século XVIII em diante, ainda possuía ressonâncias de concepções anteriores do destino cósmico, mas as mesclava a uma atitude que ansiava por um futuro livre. Um romance não era mais, como em geral havia sido antes, uma invocação de possibilidades especificamente reais em um reino de ficção. Em vez disso, converteu-se em uma via potencial para o controle do futuro, assim como uma forma de segurança psicológica (em princípio) para aqueles cujas vidas eram por ele afetadas.

O gênero e o amor

Alguns têm dito que o amor romântico foi um enredo engendrado pelos homens contra as mulheres, para encher suas cabeças com sonhos fúteis e impossíveis. Mas tal opinião não pode explicar o apelo da literatura romântica, ou o fato de as mulheres terem desempenhado um papel importante na sua difusão. "É difícil encontrar-se uma jovem no reino", observou uma escritora do *The Lady's Magazine*, com alguma hipérbole, em 1773, "que não tenha lido com avidez um grande número de romances e novelas. Estas publicações", prosseguia a escritora, acrescentando acremente, "tendem a viciar o gosto".[10] Uma onda crescente de novelas e histórias românticas, que não diminuiu até hoje – muitas escritas por mulheres –, inundou as livrarias do início do século XIX em diante.

---

10. Ibid., p. 189.

O surgimento da ideia do amor romântico tem de ser compreendido em relação a vários conjuntos de influências que afetaram as mulheres a partir do final do século XVIII. Um deles foi a criação do lar, já referido. Um segundo foi a modificação nas relações entre pais e filhos; um terceiro, o que alguns chamaram de "a invenção da maternidade". No que dizia respeito à situação das mulheres, todos eles estavam muito intimamente integrados.[11]

Seja ou não a própria infância uma criação do passado relativamente recente, como Ariès tão celebremente declarou, sem dúvida aqueles padrões da interação pais-filhos foram substancialmente alterados, para todas as classes, durante o período vitoriano "repressivo". Mas, em alguns aspectos, o poder patriarcal no meio doméstico estava declinando na última parte do século XIX. O domínio direto do homem sobre a família, que na realidade era abrangente quando ele ainda era o centro do sistema de produção, ficou enfraquecido com a separação entre o lar e o local de trabalho. Certamente, o marido assumiu esse poder fundamental, mas com frequência uma ênfase crescente sobre a importância do ardor emocional entre pais e filhos abrandou o uso que fazia dele. O controle das mulheres sobre a criação dos filhos aumentou à medida que as famílias ficavam menores, e as crianças passaram a ser identificadas como vulneráveis e necessitando de um treinamento emocional a longo prazo. Como declarou Mary Ryan, o centro da família deslocou-se "da autoridade patriarcal para a afeição maternal".[12]

A idealização da mãe foi parte integrante da moderna construção da maternidade, e sem dúvida alimentou diretamente alguns dos valores propagados sobre o amor romântico. A imagem da "esposa e mãe" reforçou um modelo de "dois sexos" das atividades e dos sentimentos. As mulheres eram reconhecidas pelos homens como sendo diferentes, incompreensíveis – parte

---

11. Ann Dally, *Inventing Motherhood*, London: Burnett, 1982. Ver também Elizabeth Badinter, *Myth of Motherhood*, London: Souvenir, 1981.
12. Mary Ryan, *The Cradle of the Middle Class*, Cambridge: Cambridge University Press, 1981, p. 102.

de um domínio estranho aos homens. A ideia de que cada sexo é um mistério para o outro é antiga, e tem sido representada de várias maneiras nas diferentes culturas. O elemento distintamente novo, aqui, era a associação da maternidade com a feminilidade, como sendo qualidades da personalidade – qualidades estas que certamente estavam impregnadas de concepções bastante firmes da sexualidade feminina. Como observou um artigo sobre o casamento, publicado em 1839, "o homem exerce domínio sobre a pessoa e a conduta de sua esposa. Ela exerce o domínio sobre as inclinações do marido; ele governa pela lei; ela governa pela persuasão... O império da mulher é um império de suavidade... suas ordens são as carícias, suas ameaças, as lágrimas".[13]

O amor romântico era essencialmente um amor feminilizado. Como revelou Francesca Cancian, antes do final do século XVIII, se de algum modo se falava de amor em relação ao casamento, tratava-se de um amor de companheiros, ligado à responsabilidade mútua de maridos e esposas pelo cuidado da família ou da propriedade. Por isso, em *The Well-Ordered Family*, publicado logo após a virada do século, Benjamin Wadsworth declarou sobre o casal casado que "o dever do amor é mútuo, deve ser realizado de um para o outro".[14] Entretanto, com a divisão das esferas de ação, a promoção do amor tornou-se predominantemente tarefa das mulheres. As ideias sobre o amor romântico estavam claramente associadas à subordinação da mulher ao lar e ao seu relativo isolamento do mundo exterior. Mas o desenvolvimento de tais ideias foi também uma expressão do poder das mulheres, uma asserção contraditória da autonomia diante da privação.

Para os homens, as tensões entre o amor romântico e o *amour passion* eram tratadas separando-se o conforto do ambiente doméstico da sexualidade da amante ou da prostituta. O cinismo masculino em relação ao amor romântico foi prontamente ampa-

---

13. Francesca M. Cancian, *Love in America*, Cambridge: Cambridge University Press, 1987, p. 21.
14. Citado em ibid., p. 15.

rado por esta divisão, que não obstante aceitava implicitamente a feminilização do amor "respeitável". A prevalência do padrão duplo não proporcionava às mulheres tal saída. Mas a fusão dos ideais do amor romântico e da maternidade permitiu às mulheres o desenvolvimento de novos domínios de intimidade. Durante o período vitoriano, a amizade masculina perdeu muito da qualidade de envolvimento mútuo que os camaradas mantinham um pelo outro. Os sentimentos da camaradagem masculina foram em grande parte relegados a atividades marginais, como o esporte ou outras atividades de lazer, ou ainda a participação na guerra. Para muitas mulheres, as coisas ocorreram na direção oposta. Como especialistas do coração, as mulheres estabelecem contato uma com a outra em uma condição de igualdade pessoal e social, dentro dos espectros amplos das divisões de classe. As amizades entre mulheres ajudaram a mitigar os desapontamentos do casamento, mas também mostraram-se por si sós compensadoras. As mulheres falavam das amizades, assim como os homens frequentemente o faziam, em termos de amor, e ali encontraram um verdadeiro confessionário.[15]

O consumo ávido de novelas e histórias românticas não era em qualquer sentido um testemunho de passividade. O indivíduo buscava no êxtase o que lhe era negado no mundo comum. Vista deste ângulo, a realidade das histórias românticas era uma expressão de fraqueza, uma incapacidade de se chegar a um acordo com a autoidentidade frustrada na vida social real. Mas a literatura romântica era (e ainda é hoje) também uma literatura de esperança, uma espécie de recusa. Frequentemente rejeitava a ideia da domesticidade estabelecida como o único ideal proeminente. Em muitas histórias românticas, após um namoro com outros tipos de homens, a heroína descobre as virtudes do indivíduo íntegro, sólido, que se torna um marido confiável. Entretanto, pelo menos com a mesma frequência, o verdadeiro herói é um

---

15. Nancy Cott, *The Bonds of Womanhood*, New Haven: Yale University Press, 1977; Janice Raymond, *A Passion for Friends*, London: Women's Press, 1986.

brilhante aventureiro que se distingue por suas características exóticas e ignora a convenção em sua busca de uma vida errante.

Resumindo até este ponto, o amor romântico tornou-se distinto do *amour passion*, embora ao mesmo tempo possuísse alguns resíduos dele. O *amour passion* jamais foi uma força social genérica da maneira que tem sido o amor romântico desde o final do século XVIII até períodos relativamente recentes. Juntamente com outras mudanças sociais, a difusão de ideias de amor romântico estava profundamente envolvida com transições importantes que afetaram o casamento e também outros contextos da vida pessoal. O amor romântico presume algum grau de autoquestionamento. Como eu me sinto em relação ao outro? Como o outro se sente a meu respeito? Será que os nossos sentimentos são "profundos" o bastante para suportar um envolvimento prolongado? Diferente do *amour passion*, que extirpa de modo irregular, o amor romântico desliga o indivíduo de situações sociais mais amplas de uma maneira diferente. Proporciona uma trajetória de vida prolongada, orientada para um futuro previsto, mas maleável; e cria uma "história compartilhada" que ajuda a separar o relacionamento conjugal de outros aspectos da organização familiar, conferindo-lhe uma prioridade especial.

Desde suas primeiras origens, o amor romântico suscita a questão da intimidade. Ela é incompatível com a luxúria, não tanto porque o ser amado é idealizado – embora esta seja parte da história –, mas porque presume uma comunicação psíquica, um encontro de almas que tem um caráter reparador. O outro, seja quem for, preenche um vazio que o indivíduo sequer necessariamente reconhece – até que a relação de amor seja iniciada. E este vazio tem diretamente a ver com a autoidentidade: em certo sentido, o indivíduo fragmentado torna-se inteiro.

O amor romântico fez do *amour passion* um aglomerado específico de crenças e ideais equipado para a transcendência; o amor romântico pode terminar em tragédia e se nutrir na transgressão, mas também produz triunfo, uma conquista de preceitos e compromissos mundanos. Tal amor se projeta em dois sentidos: apoia-se no outro e idealiza o outro, e projeta um curso do desenvolvimento futuro. Embora a maioria dos autores tenha se concentrado no primeiro desses traços, o segundo é pelo menos tão importante e em certo sentido constitui a sua base. O caráter sonhador e fantasioso do romance, descrito na literatura popular do século XIX, atraiu o desprezo dos críticos racionalistas homens e mulheres, que enxergavam nele uma fuga absurda ou patética. Na perspectiva aqui sugerida, o romance é o modo de ver contrafactual do carente – e do século XIX em diante participou de uma reelaboração importante das condições da vida pessoal.

No amor romântico, a absorção pelo outro, típica do *amour passion*, está integrada na orientação característica da "busca". A busca é uma odisseia em que a autoidentidade espera a sua validação a partir da descoberta do outro. Possui um caráter ativo e, nesse aspecto, o romance moderno contrasta com as histórias românticas medievais, em que a heroína em geral é relativamente passiva. As mulheres das novelas românticas modernas são, em sua maioria, independentes e corajosas e têm sido consistentemente retratadas desse modo.[16] O motivo da conquista nessas histórias não se parece com a versão masculina da conquista sexual: a heroína encontra e enternece o coração de um homem que inicialmente mostra-se indiferente e distante dela, ou ainda abertamente hostil. A heroína então ativamente produz amor. O seu amor faz com que ela seja amada, dissolve a indiferença do outro e substitui o antagonismo por devoção.

Se o *ethos* do amor romântico é simplesmente compreendido como o meio pelo qual uma mulher conhece o seu "príncipe", isso parece realmente superficial. Embora na literatura, como na vida, às vezes as coisas se passem desse modo, a conquista do coração do outro é na verdade um processo de criação e uma narrativa biográfica mútua. A heroína amansa, suaviza e modifica a masculinidade supostamente intratável do seu objeto amado,

---

16. Janice A. Radway, *Reading the Romance*, Chapel Hill: University of North Carolina Press, 1984.

possibilitando que a afeição mútua transforme-se na principal diretriz de suas vidas juntos.

O caráter intrinsecamente subversivo da ideia do amor romântico foi durante muito tempo mantido sob controle pela associação do amor com o casamento e com a maternidade; e pela ideia de que o amor verdadeiro, uma vez encontrado, é para sempre. Quando o casamento, para a maioria da população, efetivamente *era* para sempre, a congruência estrutural entre o amor romântico e a parceria sexual estava bem delineada. O resultado pode, com frequência, ter sido anos de infelicidade, dada a conexão frágil entre o amor como uma fórmula para o casamento e as exigências para progredir posteriormente. Mas um casamento eficaz, ainda que não particularmente compensador, podia ser sustentado por uma divisão de trabalho entre os sexos, com o marido dominando o trabalho remunerado e a mulher, o trabalho doméstico. Podemos ver nesse aspecto como o confinamento da sexualidade feminina ao casamento era importante como um símbolo da mulher "respeitável". Isso ao mesmo tempo permitia aos homens conservar distância do reino florescente da intimidade e mantinha a situação do casamento como um objetivo primário das mulheres.

AMOR, COMPROMISSO E
O RELACIONAMENTO PURO

No final da década de 1980, Sharon Thompson realizou uma investigação das atitudes, dos valores e do comportamento sexual de 150 adolescentes americanos de classes e origens étnicas diferentes.[1] No decorrer de suas longas entrevistas, encontrou diferenças importantes entre as maneiras como os rapazes discutiam sexo (não falavam com frequência em amor) e as respostas das garotas. Os rapazes pareciam incapazes de falar sobre sexo de uma forma narrativa, com vistas a um futuro a sua frente.[2] Discorriam, sobretudo, sobre episódios sexuais esporádicos, como desempenho heterossexual precoce ou conquistas sexuais diversas. Por outro lado, ao questionar as garotas, Thompson verificou que quase todas com quem falava, com um pouco de estímulo, contavam longas histórias "repletas de descobertas, de angústia e de entusiasmo pelas relações íntimas".[3] Segundo ela, as garotas possuíam algo que se aproximava das habilidades dos novelistas

---

1. Sharon Thompson, "Search for tomorrow: or feminism and the reconstruction of teen romance", in Carole S. Vance, *Pleasure and Danger. Exploring Female Sexuality*, London: Pandora, 1989.
2. Ibid., p. 350.
3. Ibid., p. 351.

profissionais em sua capacidade para narrar uma história detalhada e complexa; muitas falavam durante várias horas, necessitando de muito pouca colaboração por parte da entrevistadora. Thompson declara que a natureza fluente das narrativas na primeira pessoa derivava em grande parte do fato de elas terem sido ensaiadas. Eram o resultado das muitas horas de conversa que as adolescentes têm uma com a outra, durante as quais são discutidos e moldados os sentimentos e os anseios. Thompson admite o fato de, sendo ela membro de uma geração mais velha, as narrativas relatadas poderem ter sido em parte preparadas para ela. Mas ela também funcionou como uma caixa de ressonância para a interpretação reflexiva por parte das entrevistadas. Achou que "foi-lhe confiado algo tão valioso, forte e profético quanto um primeiro amor, quando a pessoa apaixonada o interpreta como um presságio para o futuro". Como uma ressonância mais reflexiva, ela própria admite ser "viciada em romance".[4]

A busca do romance

O principal instrumento temático das histórias das garotas foi aquele que Thompson rotula como a "busca do romance". O romance liga a sexualidade a um futuro antecipado, em que os encontros sexuais são vistos como desvios no caminho para um relacionamento amoroso definitivo. O sexo é, digamos assim, um instrumento que emite descargas elétricas, com o romance como a busca do destino. Entretanto, neste momento, a procura do amor romântico não significa mais o adiamento da atividade sexual até que o relacionamento desejado apareça. Fazer sexo com um novo parceiro pode ser o início do encontro fatídico buscado, mas mais provavelmente não o é.

---

4. Ibid., p. 351.

Segue-se a descrição de um romance apresentada por uma das entrevistadas:

> Descobrimos que morávamos mais ou menos próximo, e começamos tomando o mesmo ônibus de volta para casa. Depois descobrimos que não queríamos mais tomar o mesmo ônibus para casa. Queríamos caminhar, porque isso significava mais tempo conversando. Tínhamos nossas próprias ideias a respeito do mundo... Começávamos conversando sobre a escola e terminávamos falando sobre a situação na China... e três meses mais tarde, eu estava completamente apaixonada... foi fantástico.[5]

Sim, fantástico — ou teria sido para um pesquisador da sexualidade do adolescente vinte e cinco anos antes —, porque o romance em questão era lésbico. Um dos achados importantes do trabalho de Thompson é que a diversidade sexual existe juntamente com a persistência das ideias de romance, embora às vezes em uma relação inquietante e conflituosa. Entre as entrevistadas de Thompson, as garotas lésbicas pareciam considerar o romance tão estimulante quanto as heterossexuais.

A "perda da virgindade" para um rapaz, hoje em dia, assim como desde os tempos imemoriais, continua sendo uma expressão imprópria: para os rapazes, a primeira experiência sexual é uma adição, um ganho. É um talismã que aponta para o futuro; entretanto, não se trata disso em relação aos aspectos mais íntimos do eu, mas um dentre outros símbolos da capacidade masculina. Para as garotas, a virgindade é ainda considerada como uma entrega. Para a maioria, a questão não é realizá-la ou não como parte da experiência sexual precoce, mas como escolher o momento e a circunstância certos. O acontecimento está diretamente relacionado a narrativas românticas. Os rapazes esperam forçar a questão da iniciação sexual, enquanto as garotas preferem "retardar as coisas". A questão que as garotas colocam para si próprias, assim como implicitamente para o seu primeiro parceiro, seja ele (ou

---

5. Citado em ibid., p. 361.

ela) quem for, é: será que a minha sexualidade vai me permitir determinar o caminho da minha vida futura? Será que vai me proporcionar capacidade sexual? A primeira experiência sexual é para muitas um teste para verificarem se um futuro enredo romântico pode ou não ser alcançado.

Como o termo sugere, a busca do romance não é para essas garotas um conjunto passivo de aspirações – "algum dia o meu príncipe virá". Doloroso e cheio de ansiedade em muitos aspectos, apesar disso é um processo ativo de engajamento com o futuro. Repetindo Rubin, Thompson descobriu que as garotas com quem falou não tiveram de lutar para conseguir liberdade sexual: tal liberdade existe, mas o problema é fazer algo quanto a isso diante das atitudes masculinas, que ainda carregam mais que um eco do passado. Por isso, as garotas emergem aqui como as principais cobaias sociais. Thompson expressa isso muito bem:

> De uma certa forma, as adolescentes lutam com o problema que as feministas do século XIX previram ao se posicionarem contra o rompimento da conexão entre o sexo e a reprodução, pelo fato de ele constituir o único meio que as mulheres possuíam para convencer os homens a se comprometerem em um relacionamento. Mas, afinal, este não é um problema de coação, mas de visão. Exige o enfrentamento com a desconstrução do sexo, do romance e da intimidade, e com a renegociação da barganha entre os sexos.[6]

Sob a pressão dessas incumbências, algumas garotas tentam recuar para ideias e modos de comportamento preexistentes – aceitação do padrão duplo, "sonhos melosos de maternidade", esperanças de amor eterno. A maioria se depara rompendo com normas e tabus anteriormente estabelecidos, adaptando-os de tal forma que grande parte da energia emocional é investida, mas de uma maneira absolutamente provisória e propensa à reestruturação à luz de possíveis acontecimentos futuros.

---

6. Ibid., p. 360.

No final da adolescência, muitas garotas já tiveram experiência de amores infelizes, estando bem conscientes de que o romance não pode mais ser vinculado à permanência. Em uma sociedade altamente reflexiva, assistindo à televisão e lendo, elas entram em contato e ativamente procuram numerosas discussões sobre sexo, relacionamentos e influências que afetam a posição das mulheres. Os elementos fragmentários da ideia do amor romântico a que estas garotas se aferram, buscando deter um controle prático de suas vidas, não estão mais inteiramente ligados ao casamento. Virtualmente, todas admitem que terão um trabalho remunerado durante a maior parte de suas vidas, a maioria considerando a importância da formação profissional como sendo uma base para a sua autonomia futura. Somente algumas garotas entrevistadas por Thompson – a maioria de classe média – encaram o trabalho como uma importante fonte de significado para o seu futuro. Assim, uma garota disse, "A minha ideia do que quero fazer exatamente agora é abraçar uma carreira que eu amo... Se eu me casar com alguém ou mesmo viver com alguém e ele me deixar, não tenho de me preocupar, porque serei totalmente independente". Mas, do mesmo modo que Thompson verificou em outras, ela rapidamente retornou às questões de romance e sexualidade: "Desejo o relacionamento ideal com um rapaz. Acho que quero alguém que me ame e cuide de mim, tanto quanto eu dele".[7]

Mulheres, casamento, relacionamentos

Foi somente na última geração que, para as mulheres, viver a sua própria vida significou deixar a casa paterna. Anteriormente, deixar a casa significava para todas, com exceção de uma pequena

---

7. Ibid., p. 356.

proporção de mulheres, casar-se. Ao contrário da maioria dos homens, a maior parte das mulheres continua a identificar a sua inserção no mundo externo com o estabelecimento de ligações. Muitos estudiosos têm observado que, mesmo quando um indivíduo ainda está sozinho e apenas prevendo relacionamentos futuros, os homens em geral falam em termos de "eu", enquanto as narrativas femininas sobre si mesmas tendem a ser expressadas em termos de "nós". A "fala individualizada" aparente na citação acima é qualificada por um "nós" sub-reptício – alguém que vai ser "amado e cuidado" e transformará o "eu" em "nós".

Em contraste com aquelas que hoje fazem parte de uma faixa etária mais jovem, a experiência das mulheres mais velhas foi quase sempre estruturada em termos do casamento, mesmo que a pessoa em questão não tenha se casado. No final da década de 1980, Emily Hancock pesquisou as histórias de vida de 20 mulheres americanas, de várias origens de classe, entre 30 e 75 anos de idade. Algumas estavam ainda em seus primeiros casamentos, outras haviam tornado a se casar, eram divorciadas ou viúvas. Para elas, o casamento era o cerne da experiência da vida de uma mulher – embora muitas tenham tido retrospectivamente de reconstruir o seu passado, porque quando se casaram o casamento era muito diferente do que é agora.

Vamos acompanhar a história de Wendy, que tinha 39 anos quando Hancock a entrevistou. A história de vida de Wendy demonstra uma consciência reflexiva crescente do eu, provocada em parte por mudanças sociais externas e, em parte, por crises e transições pessoais que ela teve de superar. Wendy é a mais velha de quatro filhos de uma família abastada da Nova Inglaterra, cujos pais seguiam códigos muito estritos de "comportamento apropriado". Ela libertou-se do controle de seus pais através do casamento, e o fez de uma forma muito efetiva e consciente, por meio de uma fuga (termo que, depois de algumas décadas, tornou-se arcaico). Wendy encarava o casamento como o equivalente a entrar na idade adulta. Pensava nele como "uma re-criação de um casulo, ao mesmo tempo em que se é também uma borboleta inteiramente desenvolvida".

Sua ligação com seu futuro marido facilitava a sua independência, pelo menos da maneira como ela via as coisas na época: "Este relacionamento com uma nova pessoa era a primeira ação realmente independente que eu realizava. Assim, muitas outras coisas o seguiram". Mas seu ato de autonomia também presumia dependência material. "Suponho que teria sido muito mais radical não ter me casado. Esta seria a atitude mais radical, mas jamais foi uma opção para mim. Nunca pensei em mim mesma como uma pessoa que não se casaria. Era uma inclinação." Ela não queria ser apenas uma esposa, e estava determinada a não seguir uma vida tão provinciana quanto a de sua mãe, cuja principal preocupação sempre foi o lar. Tornou-se professora e considerava a sua carreira satisfatória. Não deixou o trabalho quando engravidou, mas passou a lecionar em tempo parcial.

Então seu marido morreu em um acidente. Ela passou por uma crise grave, perdendo o controle de sua percepção sobre seu eu adulto. Não apenas o abandono foi traumático, mas a perda da ligação sobre a qual ela baseou seus sentimentos de segurança e realização. Sentia-se "lançada de volta à adolescência", embora tivesse uma criança para cuidar. Seus pais esperavam que ela voltasse a morar com eles; resistiu com sucesso depois de compreender o quanto dependeu do casamento para ter uma sensação de integridade. Seu segundo casamento, assim como o primeiro, foi por amor e "parte da volta a mim mesma". Mas a essa altura ela "tinha mais visão" do que quando se casou pela primeira vez: "Fazer essas coisas com uma autoconsciência que surge após a dificuldade é que nos ajuda a compreender o nosso potencial. Você o modela de uma maneira mais clara, como uma escultura". Wendy teve outros filhos de seu segundo casamento; estava contente com a sua vida, ainda encontrava satisfação em seu trabalho remunerado, mas não era ambiciosa para pretender maiores realizações profissionais.

Comparemos a experiência de Wendy com a de Helen, com 49 anos de idade quando contatada pela pesquisadora. Em suas próprias palavras, durante a sua fase de crescimento, Helen "carecia de autoconfiança em grau patológico". Na universidade, conheceu e casou-se com um professor que rapidamente criou certa fama em sua especialidade. Tendo abandonado a sua educação para casar-se, seu senso de autoestima tornou-se muito dependente de seu envolvimento com as aspirações e realizações de seu marido. Ocupava parte da vida dele, como mais tarde declarou, como "um inquilino" ou "um porteiro". Ela e seu marido moravam em um alojamento da universidade, quando ele anunciou que queria o divórcio; como apenas ele era possuidor de um cargo na instituição, ela teve de partir, levando o seu filho para morar com ela. Ao contrário do que aconteceu com Wendy, seus pais não a convidaram para voltar para casa nem lhe ofereceram algum apoio moral ou material.

Inicialmente dominada pelo desespero e acometida pela solidão, Helen afinal decidiu voltar à universidade em tempo parcial e terminar o seu curso. Não obstante, viu-se durante algum tempo explorada em "empregos femininos" de baixa qualificação, até conseguir obter um cargo em publicidade, e na ocasião da pesquisa havia-se tornado uma bem-sucedida editora. Ela é descrita por Hancock como uma pessoa de modos bruscos e sarcásticos, inclinada a um humor sardônico. Mas sua aparente competência mascarava atitudes de desespero e autoaversão que o fim de seu casamento deixou e de que jamais se recuperou. Viu-se presa a uma vida "vazia e árida". Em vez de buscar moldar o seu futuro, continuava a "vagar para o infinito". Concluiu: "Você me pergunta o que tem sido a minha vida adulta? Um vazio, eis o que tem sido. Aos 35 anos, eu era um cadáver. E agora estou com quase 50 e não consigo nem sequer avaliar esses 15 anos de intervalo. Eu criei o meu filho, mas a minha sensação de tempo desapareceu".[8]

Uma mulher razoavelmente satisfeita e realizada, outra solitária, amarga: histórias banais, cada uma delas, embora em ambos os casos impregnadas de uma dor considerável. O que elas nos contam do amor, uma vez que o amor não é um tema dominante na narrativa individual de nenhuma delas? Seria fácil dizer, e

---

8. Todas as citações são de Emily Hancock, *The Girl Within*, London: Pandora, 1990.

impossível contestar, que o casamento foi uma armadilha para ambas as mulheres, ainda que uma armadilha em que as duas se lançaram deliberadamente. Wendy foi capaz de recuperar-se da perda de seu marido, enquanto Helen não conseguiu fazê-lo, e tornou-se subjugada pela força opressiva das circunstâncias com que tão frequentemente se defrontam as mulheres sós. Ambas casaram-se por amor – Wendy duas vezes –, mas cada uma delas, sem uma total compreensão do fato, encarou o casamento como uma declaração de independência e como um meio de forjar uma autoidentidade definitiva. Quem sabe se Wendy ainda seria capaz de assumir o encargo efetivo de sua vida se seu segundo marido a deixasse?

Como a maioria das mulheres entrevistadas por Hancock, ambas buscaram libertar-se das vidas que suas mães viviam, identificadas por elas com a domesticidade confinada. O processo foi muito tenso, pois cada uma buscava distanciar-se de sua mãe sem rejeitar a feminilidade. Não observamos aqui a perpetuação de atitudes que vinculam o amor e o casamento como um "estado final"; mas também não é simplesmente uma tentativa de entrar em um mundo masculino por meio da adoção de valores instrumentais. Estas mulheres, assim como as outras retratadas no livro de Hancock, são, em um sentido real, pioneiras que se movem através de um território não delimitado, que traçam alterações na autoidentidade à medida que se confrontam e são confrontadas com mudanças na natureza do casamento, da família e do trabalho.

O paradoxo é que o casamento é utilizado como um meio para se alcançar certa autonomia. Já sugeri anteriormente que o amor romântico é um jogo contra o futuro, uma orientação para o controle do tempo futuro por parte das mulheres que se tornaram especialistas em questões de (o que agora veio a ser compreendido como) intimidade. Nos períodos iniciais do desenvolvimento moderno, para muitas mulheres havia uma ligação quase inevitável entre amor e o casamento. Mas mesmo então, absolutamente à parte das intervenções dos autores feministas prescientes, as mulheres estavam *de facto* explorando outros caminhos. A separação entre o casamento e suas raízes tradicionais nos fatores "externos" impôs-se muito mais intensamente sobre as mulheres do que sobre os homens, que poderiam encontrar no casamento e na família antes de tudo um refúgio do individualismo econômico. Para os homens, colonizar o futuro em termos de uma carreira econômica prevista significava deixar de avaliar a forma paralela, mas substantivamente muito diferente, de colonizar o tempo, proporcionada pelo amor romântico. Para eles, pelo menos aparentemente, o amor permanecia mais próximo ao *amour passion*.

Para Wendy e Helen, o casamento, quando nele entraram, já era contraditório, mas também pronto para ser impregnado com um nível mais alto de reflexividade. Ainda não havia sido considerado livre de suas âncoras "externas", e proporcionava um *status* distinto para as mulheres na situação de esposas e mães. Entretanto, mesmo na primeira parte de suas vidas, ele já não era para elas uma questão de "encontrar um homem", mas estava vinculado a tarefas e preocupações absolutamente diferentes daquelas da geração de suas mães. Mulheres como Wendy e Helen ajudaram a preparar o caminho para uma reestruturação da vida íntima, atrás da qual está colocado todo o peso das mudanças discutidas no primeiro capítulo. Se as adolescentes não falam muito sobre o casamento, não é por terem realizado uma transição bem-sucedida para um futuro não doméstico, mas porque são participantes, e colaboradoras, de uma reorganização importante por que realmente passa o casamento e outras formas de vínculo pessoal próximo. Falam mais em relacionamentos do que no casamento em si, e estão certas em assim fazê-lo.

O termo "relacionamento", significando um vínculo emocional próximo e continuado com outra pessoa, só chegou ao uso geral em uma época relativamente recente. Para esclarecer o que está em jogo aqui, podemos introduzir a expressão *relacionamento* puro para nos referirmos a esse fenômeno.[9] Um relacionamento puro não tem nada a ver com pureza sexual, sendo um conceito mais

---

9. Anthony Giddens, *Modernity and Self-Identity*, Cambridge: Polity, 1991.

restritivo do que apenas descritivo. Refere-se a uma situação em que se entra em uma relação social apenas pela própria relação, pelo que pode ser derivado por cada pessoa da manutenção de uma associação com outra, e que só continua enquanto ambas as partes considerarem que extraem dela satisfações suficientes, para cada uma individualmente, para nela permanecerem. Para a maior parte da população sexualmente "normal", o amor costumava ser vinculado à sexualidade pelo casamento, mas agora os dois estão cada vez mais vinculados através do relacionamento puro. O casamento – para muitos, mas de forma alguma para todos os grupos na população – tem-se voltado cada vez mais para a forma de um relacionamento puro, com muitas outras consequências. Repetindo, o relacionamento puro é parte de uma reestruturação genérica da intimidade. Emerge em outros contextos da sexualidade além de no casamento heterossexual; de algumas maneiras causalmente relacionadas, ele é paralelo ao desenvolvimento da sexualidade plástica. A ideia do amor romântico ajudou a abrir um caminho para a formação de relacionamentos puros no domínio da sexualidade, mas agora tornou-se enfraquecida por algumas das próprias influências que ela ajudou a criar.

Mulheres, homens, amor romântico

Até agora temo-nos referido principalmente às mulheres. Se a ideia do amor romântico foi desenvolvida, e também mais tarde de algum modo dissolvida, primeiramente pelas mulheres, o que aconteceu com os homens? Será que os homens permaneceram intocados pelas mudanças que as mulheres ajudaram a realizar, exceto em seu papel de defensores reacionários do privilégio entrincheirado? O fato de os homens serem participantes das experiências cotidianas descritas neste livro não carece de maiores explicações. Mas acho pertinente apresentar uma interpretação da transmutação do amor romântico, que em grande parte exclui os homens. Eles são os retardatários nas transições que estão atualmente ocorrendo – e em certo sentido tem sido assim desde o final do século XVIII. Pelo menos na cultura ocidental, a época atual é o primeiro período em que os homens estão descobrindo que eles próprios são homens, ou seja, possuem uma "masculinidade" problemática. Em épocas anteriores, os homens assumiram que suas atividades constituíam a "história", enquanto as mulheres existiam quase atemporalmente, fazendo a mesma coisa que sempre fizeram.

Os homens, assim como as mulheres, apaixonam-se e apaixonaram-se através de todo o passado documentado. Durante os dois últimos séculos, foram também influenciados pelo desenvolvimento dos ideais do amor romântico, mas de um modo diferente do das mulheres. Aqueles homens que foram muito influenciados por tais ideias de amor foram isolados da maioria como sendo "românticos", em um sentido peculiar desse termo. Eles são, digamos assim, sonhadores adamados que sucumbiram ao poder feminino. Tais homens abandonaram a divisão entre mulheres imaculadas e impuras, tão central à sexualidade masculina. Apesar disso, o romântico não trata as mulheres como iguais. Ele é o escravo de uma mulher particular (ou de várias mulheres em sequência) e constrói sua vida em torno dela; mas a sua submissão não é uma atitude de igualdade. Ele não é realmente um participante da exploração emergente da intimidade, mas, mais que isso, de um regresso a épocas anteriores. O romântico neste momento não é alguém que intuitivamente compreendeu a natureza do amor como um modo de organizar a vida pessoal em relação à colonização do tempo futuro e à construção da autoidentidade.

Para a maior parte dos homens, o amor romântico entra em conflito com as regras da sedução. Esta observação revela que a retórica do amor romântico não é apenas mais um recurso utilizado pela maioria dos Lotharios.[10] Desde o início das transformações

---

10. Referência a Lothario, personagem que representa o sedutor na peça *The Fair Penitent* (1703), de Nicholas Rowe. (N.T.)

que afetam o casamento e a vida pessoal, os homens em geral excluíram-se do desenvolvimento do domínio da intimidade. As ligações entre o amor romântico e a intimidade foram suprimidas, e o apaixonar-se permaneceu intimamente vinculado à ideia de acesso: acesso a mulheres cuja virtude ou reputação era protegida até que pelo menos uma união fosse santificada pelo casamento. Os homens tenderam a ser "especialistas em amor" apenas com respeito às técnicas de sedução ou de conquista.

Sempre houve um abismo entre os sexos em termos da experiência, da criação e da educação. "Essas mulheres impossíveis! Como circulam em torno de nós! O poeta estava certo: não se pode viver com elas ou sem elas" (Aristófanes). Entretanto, no século XIX, por razões já discutidas, as mulheres tornaram-se, numa nova acepção, obscuras aos homens. Tornaram-se misteriosas, segundo Foucault, devido aos próprios discursos que buscavam conhecê-las, que fizeram da sexualidade feminina um "problema" e tratavam as suas doenças como formas de desqualificação social originárias das profundezas sombrias. Mas também tornaram-se desconcertantes em virtude das próprias mudanças que estavam ajudando a introduzir.

O que os homens desejam? Em certo sentido, a resposta tem sido clara e, a partir do século XIX, compreendida por ambos os sexos. Os homens querem *status* perante os outros homens, conferido por recompensas materiais e associado a rituais de solidariedade masculina. Mas, aqui, o sexo masculino interpreta mal uma tendência-chave na trajetória do desenvolvimento da modernidade. Os homens procuravam obter a autoidentidade no trabalho e – em geral, devemos sempre acrescentar – não compreenderam que o projeto reflexivo do eu envolve uma reconstrução emocional do passado para projetar uma narrativa coerente em direção ao futuro. Sua confiança emocional inconsciente nas mulheres era o mistério cuja resposta eles buscavam nas próprias mulheres, e a busca pela autoidentidade ficou dissimulada nesta não reconhecida dependência. O que os homens queriam era algo que as mulheres, de certa forma, já haviam alcançado; não surpreende que os autores homens, inclusive o narrador de

My Secret Love, ficassem obcecados pelo segredo que somente as mulheres poderiam revelar, e que o acúmulo de conquistas amorosas não conseguiu, inteiramente, descobrir.

Amor romântico *versus* amor confluente

Na época atual, os ideais de amor romântico tendem a fragmentar-se sob a pressão da emancipação e da autonomia sexual feminina. O conflito entre a ideia do amor romântico e o relacionamento puro assume várias formas, cada uma delas tendendo a tornar-se cada vez mais revelada à visão geral como um resultado da crescente reflexividade institucional. O amor romântico depende da identificação projetiva, da identificação projetiva do *amour passion*, como o processo pelo qual os parceiros potenciais tornam-se atraídos e, então, unem-se. A projeção cria, aqui, uma sensação de totalidade com o outro, sem dúvida intensificada pelas diferenças estabelecidas entre a masculinidade e a feminilidade, cada uma delas definida em termos de uma antítese. Os traços do outro são "conhecidos" em uma espécie de sentido intuitivo. Mas em outros aspectos, a identificação projetiva vai contra o desenvolvimento de um relacionamento cuja continuação depende da intimidade. A abertura de um em relação ao outro, condição para o que chamaremos de *amor confluente*, é de algum modo o oposto da identificação projetiva, ainda que tal identificação, por vezes, estabeleça um caminho até ele.

O amor confluente é um amor ativo, contingente, e por isso entra em choque com as categorias "para sempre" e "único" da ideia do amor romântico. A "sociedade separada e divorciada" de hoje aparece aqui mais como um efeito da emergência do amor confluente do que como sua causa. Quanto mais o amor confluente consolida-se em uma possibilidade real, mais se afasta da busca da "pessoa especial" e o que mais conta é o "relacionamento especial".

Em contraste com o amor confluente, o amor romântico tem sido sempre equilibrado em relação a gênero, como resultado de influências já discutidas. O amor romântico há muito tempo tem mostrado uma qualidade igualitária, intrínseca à ideia de que um relacionamento pode derivar muito mais do envolvimento emocional de duas pessoas do que de critérios sociais externos. De *facto*, no entanto, o amor romântico é completamente desvinculado do poder. Muito frequentemente, os sonhos de amor romântico das mulheres têm conduzido a uma severa sujeição doméstica. O amor confluente presume igualdade na doação e no recebimento emocionais, e quanto mais for assim, qualquer laço amoroso aproxima-se muito mais do protótipo do relacionamento puro. Neste momento, o amor só se desenvolve até o ponto em que se desenvolve a intimidade, até o ponto em que cada parceiro está preparado para manifestar preocupações e necessidades em relação ao outro e está vulnerável a esse outro. A dependência emocional mascarada dos homens tem inibido a sua propensão e a sua capacidade para tornarem-se, assim, vulneráveis. O *ethos* do amor romântico tem de certo modo sustentado essa orientação, no sentido de que o homem desejável tem sido com frequência representado como frio e inatingível. Mas desde que tal amor dissolve essas características, que são exibidas como uma máscara, o reconhecimento da vulnerabilidade emocional masculina está evidentemente presente.

O amor romântico é um amor sexual, mas liberta a *ars erotica*. A satisfação e a felicidade sexuais, especialmente na forma fantasiada do romance, são supostamente garantidas pela força muito erótica provocada pelo amor romântico. O amor confluente pela primeira vez introduz a *ars erotica* no cerne do relacionamento conjugal e transforma a realização do prazer sexual recíproco em um elemento-chave na manutenção ou dissolução do relacionamento. O cultivo de habilidades sexuais, a capacidade de proporcionar e experimentar satisfação sexual, por parte de ambos os sexos, tornam-se organizados reflexivamente via uma multiplicidade de fontes de informação, de aconselhamento e de treinamento sexual.

Nas culturas não ocidentais, como já foi mencionado, a *ars erotica* era, em geral, uma especialidade feminina, quase sempre limitada a grupos específicos; as artes eróticas eram cultivadas por concubinas, prostitutas ou pelos membros de comunidades religiosas minoritárias. O amor confluente desenvolve-se como um ideal em uma sociedade onde quase todos têm a oportunidade de tornarem-se sexualmente realizados; e presume o desaparecimento da distinção entre as mulheres "respeitáveis" e aquelas que de algum modo estão marginalizadas da vida social ortodoxa. Diferente do amor romântico, o amor confluente não é necessariamente monogâmico, no sentido da exclusividade sexual. O que mantém o relacionamento puro é a aceitação, por parte de cada um dos parceiros, "até segunda ordem", de que cada um obtenha da relação benefício suficiente que justifique a continuidade. A exclusividade sexual tem um papel no relacionamento até o ponto em que os parceiros a considerem desejável ou essencial.

Deveria ser observado mais um contraste muito importante entre o amor romântico e o amor confluente: assim como o relacionamento puro em geral, o amor confluente não tem ligação específica com a heterossexualidade. As ideias de romance têm-se estendido ao amor homossexual, demonstrando, também, certa influência sobre as distinções de feminilidade e masculinidade desenvolvidas entre parceiros do mesmo sexo. Já observei que o amor romântico apresenta características que tendem a sobrepujar a diferença sexual. Apesar disso, a ideia do amor romântico tem-se claramente orientado, sobretudo, pelo casal heterossexual. O amor confluente, embora não necessariamente andrógeno, e ainda talvez estruturado em torno da diferença, presume um modelo de relacionamento puro em que é fundamental o conhecimento das peculiaridades do outro. É uma versão de amor em que a sexualidade de uma pessoa é um fator que tem de ser negociado como parte de um relacionamento.

Por enquanto, quero deixar de lado até que ponto, na prática, o amor confluente faz parte atualmente do relacionamento sexual. Antes de tudo, têm de ser discutidos outros aspectos e implicações do relacionamento puro e de sua associação com a autoidentidade e a autonomia pessoal. Em tal discussão, muito frequentemente farei uso de obras terapêuticas e de manuais de autoajuda – embora de uma maneira crítica – como minha orientação. Não porque ofereçam relatos exatos das alterações que afetam a vida pessoal: a maioria é constituída essencialmente de livros de caráter prático e correspondem a expressões de processos de reflexividade que esboçam e ajudam a conformar. Muitos são também emancipatórios: apontam para mudanças que poderiam libertar os indivíduos de influências que bloqueiam o seu desenvolvimento autônomo. São textos da nossa época, em certo sentido comparáveis aos manuais medievais de conduta, analisados por Norbert Elias, ou às obras de etiqueta utilizadas por Erving Goffman em seus estudos sobre a norma da interação.

AMOR, SEXO E OUTROS VÍCIOS

"Olhei debaixo do vestido de uma mulher quando estávamos fazendo sanduíches para os pobres na missão da igreja... Tentei passar a cantada em outro paciente na fila da clínica de doenças venéreas... Dormi com o melhor amigo do meu namorado quando ele estava fora da cidade." Indiscrições reveladas na privacidade do confessionário católico? Não, estas são declarações públicas feitas em um encontro dos Sexômanos Anônimos (*Sex Addicts Anonymous* – SAA).[1] Os SAA derivaram do tratamento do alcoolismo e foram modelados diretamente a partir dos Alcoólicos Anônimos.[2] Os grupos dos SAA adotam o método de recuperação dos "doze passos", aprovado pelos Alcoólicos Anônimos, segundo o qual os indivíduos concordam antes de tudo em aceitar que estão acometidos de uma compulsão que são incapazes de controlar. O primeiro passo do "Big Book" dos Alcoólicos Anônimos reza: "Admitimos que somos impotentes em relação ao álcool – que nossas vidas tornaram-se incontroláveis". Solicita-se aos membros dos SAA que comecem

---

1. Steven Chapple e David Talbot, *Burning Desires*, New York: Signet, 1990, p. 35.
2. Há outras organizações e divisões: os *Sexaholics Anonymous* e os *Sex and Love Addicts Anonymous* são principalmente heterossexuais em sua orientação; grupos como os *Sex Compulsives Anonymous* são organizações para o mesmo sexo.

com a mesma admissão e daí em diante progridam em direção à superação de sua sujeição às suas necessidades sexuais. Em uma inversão interessante – e significativa – das tendências observadas por Foucault, os proponentes dos SAA, que em sua maior parte não são da área médica, têm buscado tratar os viciados em sexo através da medicina. A "condição", propõem eles, deveria ser relacionada em manuais de diagnóstico como "distúrbio do desejo sexual hiperativo". A ideia pode parecer artificial, ainda mais que se tem declarado que uma proporção muito substancial da população é acometida por ela. Mas praticamente o mesmo acontece com o vício do álcool, que segundo alguns cálculos atinge cerca de ¼ de todos os adultos nos Estados Unidos. Demorou muito tempo para que o alcoolismo fosse oficialmente aceito nos círculos médicos como um vício, ainda que ele tenha uma base fisiológica definida.

À primeira vista, o vício do sexo poderia parecer apenas outra excentricidade – ou talvez um novo modo de se explorar uma multidão de crédulos, uma vez que uma categoria psiquiátrica reconhecida pode ajudar as partes interessadas na qualificação para investimentos médicos, na criação de apoio de pesquisa e na sua própria apresentação como uma nova geração de especialistas. Mas há mais coisas em jogo do que poderia sugerir tal visão, tanto na área específica da atividade sexual quanto em um nível mais amplo. O sexo é apenas um dentre um grande número de vícios reconhecidos nos últimos anos. É possível alguém se tornar viciado, entre outras coisas, em drogas, comida, trabalho, fumo, compras, exercícios, jogo – e, além do componente especificamente sexual, também em amor e em relacionamentos.[3] Por que o vício veio a ser tão extensamente comentado no período relativamente recente? Para responder a esta pergunta, que está relacionada aos meus argumentos na totalidade do livro, vamos examinar a questão do

---

3. Joyce Ditzler e James Ditzler, *If You Really Loved Me. How to Survive an Addiction in the Family*, Londres: Macmillan, 1989 – apenas um exemplo do que se tornou uma literatura muito extensa.

vício do sexo e considerar em que sentido, se é que há algum, ele é um fenômeno real e não uma novidade terapêutica superficial.

Sexo e desejo

"As mulheres querem amor, os homens querem sexo." Se este simples estereótipo fosse verdade, não existiria a questão do vício do sexo. O apetite dos homens pelo sexo, com tantas parceiras quanto possível, seria simplesmente uma característica definidora de sua masculinidade. O desejo das mulheres pelo amor dominaria qualquer tendência para o sexo, que seria o preço para se conseguir a recompensa de amar e ser amada.

Mas essa antiga observação, pelo menos no mundo atual, poderia ser modificada. As mulheres querem sexo? Sim, pela primeira vez as mulheres coletivamente, e não como especialistas em uma *ars erotica*, são capazes de buscar o prazer sexual como um componente básico de suas vidas e de seus relacionamentos. Os homens querem amor? Certamente, apesar das aparências em contrário – talvez mais que a maioria das mulheres, embora de formas que ainda precisam ser investigadas. A posição dos homens no domínio público foi alcançada à custa de sua exclusão da transformação da intimidade.

Sendo assim, vamos verificar aonde se chega se a frase for invertida. Começarei seguindo o destino de Gerri, jovem mulher que contatou o grupo dos SAA na região de Minneapolis e tornou-se uma das participantes de um projeto de pesquisa sobre vício sexual feminino realizado por Charlotte Kasl.[4] Antes de vincular-se aos

---

4. Charlotte Kasl, *Women, Sex and Addiction*, Londres: Mandarin, 1990. O livro de Kasl é um recurso maravilhoso para se considerar a questão do vício do sexo, e eu me utilizei dele substancialmente no material que se segue. Entretanto, como grande parte da literatura terapêutica a que me refiro em todo este livro, eu o considero à maneira do "método documental" de Garfinkel: como um documento sobre mudanças pessoais e sociais em andamento, mas também como sintomático dessas mudanças.

SAA – e, depois, em surtos eventuais – Gerri levava uma vida tão esquizofrênica quanto qualquer homem que pudesse ter misturado a probidade em suas atividades de trabalho com a busca calculada de conquistas sexuais na sua vida privada. Durante o dia, era professora assistente em uma escola. À noite, às vezes assistia outras classes, mas também frequentava bares para "solteiros" e nos meses anteriores à sua filiação aos SAA estava sexualmente envolvida ao mesmo tempo com quatro homens diferentes, cada um deles ignorando a existência dos outros. Ela atingiu uma crise em sua vida quando descobriu que, apesar de tomar mais precauções do que nunca, havia contraído uma doença venérea (pela décima segunda vez em sua vida). Para chegar até outros que poderiam ter sido infectados, teria de contatar não menos que catorze homens com quem esteve sexualmente envolvida em um curto período.

Foi incapaz de fazer isso, em parte porque não podia defrontar-se com a indignidade de realizar as chamadas telefônicas necessárias, e em parte porque estava preocupada que os homens, com quem ela saía regularmente, pudessem descobrir a sua duplicidade em relação a eles. Gerri descobriu a teoria do vício do sexo quando se deparou com um artigo sobre o assunto no jornal local, que mencionava uma clínica de dependência sexual no hospital. A ideia de ir até a clínica passou por sua cabeça, mas em vez disso procurou um de seus amigos homens e passou a noite fazendo sexo com ele. Só contatou a clínica vários dias mais tarde, depois de outro episódio sexual. Gerri e sua irmã foram a um bar e arranjaram dois homens. Voltando para o seu apartamento com um dos homens, ela envolveu-se em um acidente de automóvel. Relatou:

> Eu estava em estado de choque quando chegamos em casa. Mesmo assim, queria fazer sexo. Em geral, através do sexo eu podia me esquecer de tudo, mas aquela noite eu não consegui. Durante o sexo, senti-me morta e doente do estômago. Fiquei aliviada quando o rapaz foi embora de madrugada. Não tinha interesse em vê-lo novamente, mas meu ego ficou ferido quando ele não me procurou no dia seguinte. Eu me orgulhava de fazer com que os homens andassem atrás de mim.[5]

---

5. Ibid., p. 86.

Gerri sentia que a sua vida estava fora de controle e frequentemente pensava em suicídio. Tentou manter-se afastada de encontros sexuais durante vários meses após juntar-se ao grupo dos SAA, para onde a clínica a encaminhou. Nesse meio tempo, foi presa por fraudar a Previdência Social: as autoridades declararam que, antes de conseguir o seu emprego como professora, obteve benefícios da Previdência aos quais não tinha direito. A acusação era dúbia, e ela tornou-se uma espécie de *cause célèbre* local, recebendo o apoio de várias organizações dos direitos das mulheres.

No tribunal, várias outras mulheres acusadas de delitos similares apareceram antes dela no banco dos réus, e todas foram julgadas culpadas; ela, entretanto, declarou ser inocente e finalmente a acusação contra ela foi retirada. Gerri subsequentemente tornou-se membro proeminente de um grupo que contestava casos em que mulheres que apelavam para a Previdência Social eram condenadas. Falava na necessidade de se averiguar "como as mulheres são humilhadas e que duras sentenças recebem por tentarem sobreviver". Na luta por seus direitos, "podia perceber o meu próprio objetivo na vida". "Anteriormente", dizia ela, "o sexo era uma maneira de eu conseguir poder... a única maneira que eu conhecia".[6] Começou um novo relacionamento com um homem, foi morar com ele e esforçou-se para não ficar sexualmente envolvida com ninguém mais.

Será que Gerri estava agindo da mesma forma que uma longa lista de homens sedutores, tentando experimentar uma vida sexual tão variada quanto pudesse conseguir levar? A resposta, acho eu, é um qualificado sim. Ela estava envolvida em um certo tipo de busca, através do uso da sexualidade, que só pode ser descrita como uma procura frustrada por autoidentidade; essa tentativa não era a busca do romance convencional. Ela procurava ativamente os homens, e nem sequer esperava em casa que eles a chamassem. Sua autoestima estava limitada a sua perícia sexual, incluindo a sua capacidade para obter e também para

---

6. Ibid., p. 439.

proporcionar prazer sexual; e mantinha um registro dos homens que havia "conquistado".

Mas há uma tônica desesperada e trágica em sua história, o que também ocorre em experiências masculinas de um tipo semelhante, mas nestas em geral é menos evidente. Hoje em dia pode muito bem existir algumas mulheres que, sem muitos problemas psíquicos, adotam algo próximo à atitude masculina tradicional em relação à sexualidade como sendo uma dinâmica organizada da sua própria conduta sexual. Mas se há tais mulheres, Gerri certamente não era uma delas, pois seu comportamento a envolvia em grande sofrimento. Soube-se que tanto seu pai quanto sua mãe eram alcoólatras, e seu pai combinava o alcoolismo com uma tendência a iras violentas, que com muita frequência eram dirigidas contra seus filhos. Abusou sexualmente de todas as suas quatro filhas; Gerri aprendeu a ser "boa" com ele – em outras palavras, aceitar seus avanços sexuais – para proteger a si mesma e às suas irmãs de prováveis surras. Certa ocasião, denunciou o pai à instituição local de proteção à infância. Quando uma assistente social visitou sua família, seu pai conseguiu convencê-la de que não havia nada errado; mas seu pai mais tarde a espancou e ela nunca mais ousou fazer quaisquer outras queixas públicas.

Gerri "queria sexo": estava tentando integrar uma abertura para novas experiências sexuais com as outras exigências de sua vida. Logo percebeu que o sexo proporcionava-lhe certo controle em um mundo sobre o qual a sua verdadeira influência era limitada e problemática. Gerri considerava a sua vida absolutamente falsa, o que era realmente verdade: estava efetivamente se comportando como um homem sexualmente aventureiro, sem o apoio material ou a aceitação normativa generalizada, que a maior parte de tais homens tacitamente possui. Ela podia chamar os homens e procurar ativamente novos parceiros sexuais, mas não podia facilmente buscar um contato sexual além de um certo ponto, da forma que um homem podia fazê-lo. Muitos homens, talvez a maior parte, ainda consideravam desapropriado e ameaçador, para as mulheres, comportarem-se em relação a eles do mesmo modo que eles rotineiramente se comportam em relação a elas.

A necessidade de constante aprovação sexual tornou-se parte do caráter de Gerri – mas ela tinha de buscar tal endosso em ambientes sociais controlados pelos homens.

A natureza do vício

Antes de decidir se é ou não razoável falar do comportamento de Gerri como sendo um vício sexual, devo voltar a um plano mais geral e considerar o que a ideia de vício poderia significar. Originalmente, o conceito de vício estava vinculado em sua quase totalidade à dependência química, ao álcool ou a drogas de vários tipos. Uma vez incorporada pela medicina, a ideia foi definida como uma patologia física: o vício nesse sentido refere-se a um estado do organismo. Tal conceito, no entanto, esconde o fato de que o vício está expresso no comportamento compulsivo. Mesmo no caso de dependência química, o vício é medido *de facto* em termos das consequências do hábito para o controle de um indivíduo sobre a sua vida e mais as dificuldades de se abandonar aquele vício.

Toda vida social é substancialmente transformada em rotina: temos modos de atividade regulares, que repetimos dia após dia, e que dão forma às nossas vidas individuais, assim como reproduzem instituições maiores para as quais a nossa conduta contribui. Mas tais rotinas não são todas do mesmo tipo. Craig Nakken cria um conjunto útil de distinções entre os padrões de ação, os hábitos, as compulsões e os vícios.[7] Um padrão é simplesmente uma rotina que ajuda a organizar a vida cotidiana, mas que um indivíduo pode alterar quando necessário. Assim, uma pessoa pode levar o cão para passear na maioria das vezes pela manhã, mas pode fazê-lo à

---

7. Craig Nakken, *The Addictive Personality, Roots, Rituals and Recovery*, Centre City, Minn.: Hazelden, 1988.

noite, se necessário. Um hábito é uma forma de comportamento repetitivo psicologicamente mais obrigatória que um padrão de conduta; para alterá-lo ou rompê-lo, é necessário um esforço distinto da vontade. As atividades habituais são com frequência descritas pela palavra "sempre" – "Eu sempre janto às oito da noite".

A compulsão é uma forma de comportamento que um indivíduo acha muito difícil, ou impossível, parar apenas pelo poder da vontade, e cuja realização produz a liberação de uma tensão. As compulsões em geral assumem a forma de rituais pessoais estereotipados, como quando um indivíduo tem de lavar-se quarenta ou cinquenta vezes por dia para sentir-se limpo. O comportamento compulsivo está associado a uma sensação de perda de controle sobre o eu; a pessoa pode realizar as ações rituais em uma espécie de estado de transe. Não conseguir realizá-las provoca uma crise de ansiedade.

Os vícios são compulsivos, mas não são rituais sem importância; atingem grandes áreas da vida de um indivíduo. Um vício inclui cada um dos aspectos do comportamento já mencionado e mais ainda. Pode ser definido como um hábito padronizado compulsivamente engajado, cuja retirada gera uma ansiedade incontrolável. Os vícios proporcionam uma fonte de conforto para o indivíduo, atenuando a ansiedade, mas essa experiência é sempre mais ou menos transitória.[8] Todos os vícios são essencialmente narcotizantes, mas o efeito químico, se existir algum, não é um elemento essencial à experiência do vício.

Seguem-se algumas características específicas dos vícios:

1. O "êxtase". Nas palavras de Erving Goffman, o êxtase é aquilo que os indivíduos buscam quando procuram onde está a energia[9] – uma experiência isolada das características habituais, das características mundanas da vida cotidiana. É uma sensação momentânea de exaltação que a pessoa desfruta quando uma

---

8. Stanton Peele, *Love and Addiction*, New York: New American History, 1975.
9. Erving Goffman, *Interaction Ritual*, London: Allen Lane, 1972.

sensação "especial" é produzida – um momento de libertação. O êxtase é às vezes, embora nem sempre, uma sensação de triunfo e também de relaxamento. Antes de um processo de vício, o êxtase é uma experiência intrinsecamente compensadora. Entretanto, uma vez estabelecido o padrão, o elemento de libertação predomina sobre as características inerentes a quaisquer sensações envolvidas.
2. A "dependência". Quando uma pessoa está viciada em uma experiência ou em uma forma de comportamento específicas, o esforço para atingir um êxtase traduz-se na necessidade de uma dependência. A dependência abranda a ansiedade e introduz o indivíduo na fase narcotizante do vício. A dependência é psicologicamente necessária, mas mais cedo ou mais tarde é sucedida pela depressão e pelas sensações de vazio; e o ciclo recomeça.
3. O êxtase e a dependência são ambos formas de se "sair do ar". Os esforços habituais do indivíduo estão temporariamente em estase e parecem remotos; a pessoa está, digamos assim, em "outro mundo" e pode encarar as suas atividades normais com um divertimento cínico ou até com desprezo. Mas esses sentimentos estão com frequência sujeitos a uma inversão abrupta e poder-se-iam transformar em uma aversão ao padrão do vício. Tal desligamento em geral assume a forma de um desespero de que o vício não possa ser controlado; é algo que ocorre apesar das "melhores intenções" do indivíduo.
4. A experiência do vício é um afastamento do eu, um abandono temporário daquela preocupação reflexiva com a proteção da autoidentidade, genérica à maior parte das situações da vida cotidiana. Algumas formas de êxtase – aquelas associadas ao êxtase religioso, por exemplo – relacionam especificamente a experiência com a derrota ou com a perda do eu. Nos viciados, entretanto, tais sensações são em geral uma parte secular do padrão de comportamento; a sensação de deslocamento do eu é intrínseca à sensação de libertação da ansiedade.
5. O sentido de perda do eu é mais tarde seguido por sentimentos de vergonha e de remorso. Os vícios não são normalmente formas estáveis de comportamento, mas tendem a aumentar em sua importância. Pode ocorrer um processo negativo de reali-

mentação em que uma dependência cada vez maior do comportamento viciado gera não sentimentos crescentes de bem-estar, mas pânico e autodestruição.

6. A experiência do viciado parece muito "especial" e na verdade o é, no sentido de que no momento nada mais funciona. Mas, em termos da condição psíquica do indivíduo, os vícios são com frequência funcionalmente equivalentes. Uma pessoa vai lutar para libertar-se de um vício apenas para sucumbir a outro, e fica encerrada em um novo padrão de comportamento compulsivo. Ela ou ele poderia associar duas formas de comportamento viciado, assim como beber e fumar muito ou às vezes utilizar temporariamente um deles para compensar os estragos causados pelo outro. O comportamento viciado pode ser "disposto em camadas" na composição psicológica do indivíduo, de tal forma que outros traços de vícios menores, ou compulsões, encubram o vício principal. O fato de os vícios tenderem a ser funcionalmente intercambiáveis proporciona um forte apoio à conclusão de que assinalam para uma incapacidade subjacente para enfrentar certos tipos de ansiedade.

7. A perda do eu e a autoaversão características dos vícios não devem necessariamente ser identificadas com a indulgência. Todos os vícios são patologias da autodisciplina, mas tais desvios podem seguir em duas direções – para a liberação ou para a contenção. Podemos ver cada uma dessas tendências expressas em vícios alimentares que podem assumir a forma de excesso de ingestão compulsiva e/ou de fastio anoréxico. Embora a bulimia e a anorexia pareçam opostas, são os dois lados de uma moeda e frequentemente coexistem como propensões do mesmo indivíduo.

Vício, reflexividade, autonomia do eu

Nos países ocidentais, pessoas de diversas camadas sociais há muito tempo vêm consumindo álcool e também outras drogas. Mas não são chamadas de viciadas. Até o século XIX, a ingestão regular do álcool, por exemplo, só era considerada um "problema social" se atingisse a um ponto de levar à desordem pública. A ideia de que alguém pode ser um viciado data mais ou menos da metade do século XIX; só mais tarde o termo alcançou o uso geral, e precede um pouco a difundida aplicação da expressão viciado em bebida. A invenção do viciado, segundo Foucault, é um mecanismo de controle, uma nova rede de "poder/conhecimento". Mas também determina um passo à frente na caminhada para a emergência do projeto reflexivo do eu, que é ao mesmo tempo emancipatório e constrangedor. O viciado, antes de tudo, é alguém "imoderado", palavra que não está relacionada apenas à ordem pública, mas a uma recusa, a uma aversão discreta de se aceitar o próprio destino.

O vício aponta para um modo peculiar de controle sobre aspectos da vida cotidiana de alguém – e também sobre o eu. A importância específica do vício pode ser considerada do seguinte modo. O vício deve ser compreendido em termos de uma sociedade em que a tradição tem sido mais abandonada do que jamais foi, e em que o projeto reflexivo do eu assume correspondentemente uma importância especial. Quando grandes áreas da vida de uma pessoa não são mais compostas por padrões e hábitos preexistentes, o indivíduo é continuamente obrigado a negociar opções de estilo de vida. Além disso – e isto é crucial –, tais escolhas não são apenas aspectos "externos" ou marginais das atitudes do indivíduo, mas definem quem o indivíduo "é". Em outras palavras, as escolhas de estilo de vida constituem a narrativa reflexiva do eu.[10]

O fato de o alcoolismo ter sido identificado como uma patologia física, durante algum tempo desviou a atenção da relação entre o vício, a escolha do estilo de vida e a autoidentidade. A promessa emancipatória que ele carrega foi bloqueada até o ponto de ele ser percebido como uma doença como outra qualquer. Mas o programa inicial dos Alcoólicos Anônimos já reconhecia que a recuperação do vício significava profundas mudanças no estilo de

---

10. Anthony Giddens, *Modernity and Self-Identity*, Cambridge: Polity, 1991.

vida e um reexame da autoidentidade. Assim como acontece com a psicoterapia e o aconselhamento, aqueles que frequentam suas reuniões encontram uma atmosfera em que não existe crítica ou julgamento. Os membros são estimulados a revelar suas preocupações e temores mais particulares de uma forma aberta, sem medo de ficarem embaraçados ou de receberem uma resposta ofensiva. O motivo condutor desses grupos é uma reescrita da narrativa do eu.

Em uma ordem pós-tradicional, se o indivíduo quiser combinar autonomia pessoal com um sentido de segurança ontológica, a narrativa do eu tem de ser, na verdade, continuamente reelaborada, e a ela alinhadas as práticas do estilo de vida. No entanto, os processos de autorrealização são muito frequentemente parciais e confinados. Por isso, não surpreende que os vícios sejam potencialmente tão abrangentes em sua natureza. Uma vez que a reflexividade institucional atinge virtualmente todas as partes da vida social cotidiana, quase todo padrão ou hábito pode tornar-se um vício. A ideia do vício faz pouco sentido em uma cultura tradicional, onde é normal fazer-se hoje o que se fez ontem. Quando há continuidade da tradição e o que foi há muito estabelecido, e também sancionado como correto e adequado, é o seguimento de um determinado padrão social. Dificilmente isso poderia ser descrito como um vício; nem exporia as características específicas do eu. Os indivíduos não podiam pegar e escolher, mas também não precisavam revelar-se em suas ações e hábitos.

Por isso, na modernidade tardia, os vícios são um indicador negativo do grau de movimento do projeto reflexivo do eu em direção ao estágio central. São modos de comportamento que penetram à força, talvez de uma maneira muito importante, naquele projeto, mas recusam-se a ser a ele atrelados. Nesse sentido, todos são prejudiciais ao indivíduo e é fácil perceber por que o problema de sua superação é agora tão amplamente admitido na literatura terapêutica. O vício é uma incapacidade de administrar o futuro, e, sendo assim, transgride uma das principais ansiedades que os indivíduos têm de enfrentar reflexivamente.

Todo vício é uma reação defensiva e uma fuga, um reconhecimento da falta de autonomia que lança uma sombra sobre a competência do eu.[11] No caso de compulsões pouco importantes, os sentimentos de vergonha podem limitar-se a uma autodepreciação branda, a uma admissão irônica de que "eu parecia estar preso a esta droga". Em formas mais pronunciadas de comportamento compulsivo, a integridade do eu como um todo fica ameaçada. Normas sociais mais amplas influenciam muito profundamente num sentido ou em outro. Os vícios que são enfocados de formas socialmente aceitáveis são menos facilmente reconhecidos como tais, seja pelos indivíduos interessados ou pelos outros — até, talvez, surgirem algumas situações de crise. Como em seguida será mostrado, isso frequentemente ocorre com o sexo e também com o trabalho. Um viciado em trabalho que ocupa um emprego de prestígio pode atuar durante muitos anos sem reconhecer inteiramente o caráter compulsivo de sua atividade (mais comum nos homens que nas mulheres). Somente quando intervêm outros acontecimentos, a natureza defensiva de sua dedicação torna-se aparente — se, por exemplo, ele sofre uma perturbação ao perder o seu cargo ou se o seu casamento fracassa. O trabalho, pode-se dizer, tem sido tudo para ele, mas tem sido também um "entorpecimento", uma experiência narcótica prolongada que embota outras necessidades ou aspirações que ele não consegue administrar diretamente. Ele já se acostumou, como se diz, a regularmente perder-se em seu trabalho.

Implicações para a sexualidade

Neste ponto podemos voltar à questão do vício do sexo. Alguns poderiam estar inclinados a discutir se o sexo poderia tornar-se compulsivo no mesmo sentido que o trabalho. Alguém poderia objetar que a necessidade de atividade sexual regular seja um impulso básico que todos os adultos possuem; por isso, de algum

---

11. Ibid.

modo, quase todo mundo é viciado em sexo. Mas a existência de uma necessidade não governa os meios de sua saciedade. A necessidade de alimentação é também um impulso elementar, mas os vícios alimentares têm-se tornado muito presentes hoje em dia. O sexo é compulsivo, assim como outros padrões de comportamento, quando o comportamento sexual de uma pessoa é governado por uma busca constante de uma dependência que, no entanto, conduz persistentemente a sentimentos de vergonha e inadequação. No que diz respeito ao projeto reflexivo do eu, o vício é o comportamento contraposto à escolha; essa observação é tão válida no caso do vício do sexo quanto de outras formas de comportamento.

A sexualidade compulsiva tem de ser compreendida tendo como pano de fundo circunstâncias em que a experiência sexual tem-se tornado mais livremente disponível do que jamais o foi, e em que a identidade sexual forma uma parte central da narrativa do eu. As mulheres querem sexo? É claro que sim, se isto for compreendido como uma reivindicação limitada à autonomia e à realização sexuais. Mas consideremos a enormidade das mudanças que essa circunstância presume. Qualquer um que acredite que a "hipótese repressiva" não contém verdade poderia refletir sobre o fato de que na Grã-Bretanha, apenas há cerca de 75 anos, muitas moças solteiras que ficavam grávidas eram enviadas aos milhares para reformatórios e hospitais mentais. O Ato de Deficiência Mental, promulgado em 1913, permitia que as autoridades locais autuassem, e mantivessem indefinidamente presas, as mulheres solteiras grávidas que fossem pobres, desamparadas ou apenas "imorais". Visto que era amplamente sustentada a ideia de que a gravidez ilegítima era em si um sinal de subnormalidade, os termos do Ato podiam ser, e eram, também muito amplamente aplicados. As mulheres solteiras de origens mais abastadas que ficavam grávidas podiam, às vezes, fazer abortos ilegais – como também poderiam fazê-lo as mulheres mais pobres, mas com um risco de morte considerável – e do contrário tornavam-se efetivamente párias. A ignorância sobre o sexo e a reprodução era assumida como implicando subnormalidade, mas era ampla. Uma mulher, nascida

em 1918 em Londres, entrevistada em um estudo de história oral realizado por Joy Melville, recorda que sua mãe sussurrava-lhe toda noite quando ela ia dormir que não deveria fazer sexo antes do casamento senão ficaria louca. Ela não questionava por que as mães solteiras eram colocadas em asilos; apenas pensava, "Bem, elas mereceram; fizeram sexo e enlouqueceram".[12]
De modo algum surpreende o quanto é difícil para as mulheres enfrentar as mudanças que elas ajudaram a produzir. A compulsividade no comportamento sexual, assim como em outras áreas, é o embotamento da autonomia. Dadas as orientações sexuais preexistentes, esse fato tem implicações diferentes para a maioria das mulheres, comparadas à maioria dos homens. Atualmente, para ambos os sexos, o sexo carrega com ele a promessa – ou a ameaça – da intimidade, algo que em si afeta os principais aspectos do eu. A precária sensação de segurança de Gerri estava profundamente relacionada à sua necessidade de demonstrar repetidamente a sua atração pelos homens. Ela era capaz de obter prazer sexual em muitos de seus encontros, mas – até as subsequentes mudanças em sua vida – se afastava de quaisquer ligações prolongadas. Poder-se-ia dizer que ela internalizou um modelo masculino de sexualidade, vinculando a experiência sexual a uma "busca" erigida sobre a variedade; mas, por uma combinação de razões sociais e psicológicas, esta era uma estratégia destrutiva. Como observa Kasl:

> Muito poucas mulheres decidiram ter tantos parceiros sexuais quanto possível. As mulheres sexualmente viciadas viam-se presas em um ciclo em que a sua principal fonte de poder é a conquista sexual, preenchendo a sua necessidade de carinho e contato pelo ato sexual. Para a maior parte das mulheres, subjacente ao comportamento sexualmente viciado, há um desejo de um relacionamento continuado.[13]

O comportamento sexualmente compulsivo das mulheres assume várias formas, reforçando a conclusão de que o importante

---

12. Joy Melville, "Baby blues", *New Statesman and Society*, 3 de maio de 1991, p. 2.
13. Kasl, *Women, Sex and Addiction*, p. 57.

é a síndrome subjacente, mais que suas manifestações específicas. Em alguns casos, a masturbação compulsiva, talvez várias vezes ao dia, é o principal elemento; algumas dessas mulheres têm poucos parceiros sexuais. Em outros momentos, a característica dominante é uma preocupação obsessiva com o sexo enquanto fantasia, descrita por uma mulher como sendo "uma preocupação cheia de medo em relação ao sexo".[14] Para muitas, a atividade sexual assemelha-se ao ciclo comum nas perturbações alimentares. Um período de energia sexual frenética alterna-se com fases em que o sexo parece repulsivo, como aquela em que o indivíduo mal pode pensar em mais um encontro sexual. A maioria dessas mulheres parece estar sujeita ao orgasmo. O êxtase do orgasmo é um momento de triunfo e também de libertação física e emocional; mas muitas experimentam um êxtase também ao se prepararem para um encontro sexual, quando se sentem particularmente despertas e até eufóricas.

A compulsão sexual masculina tende a ser diferente. Não há equivalente masculino para a mulher "perdida", e o homem dado a aventuras sexuais é com frequência admirado, particularmente em meio a outros homens. Kasl observa que, quando mencionou para um homem, em uma festa, que estava escrevendo um livro sobre vício sexual feminino, ele reagiu de uma forma que mais tarde tornou-se muito familiar: "Você quer dizer que há mulheres viciadas em sexo? Ei, quero conhecer uma delas".[15] Mas há muita evidência de que os homens sexualmente vorazes não procuram mulheres cujo comportamento seja semelhante ao seu, e na verdade são frequentemente muito repelidos por elas. Como sempre, no que diz respeito aos contatos sexuais com tais homens, as mulheres estão divididas em duas categorias: aquelas que têm de ser "caçadas" e por isso podem ser conquistadas, e aquelas que estão de alguma forma além dos limites morais e portanto "tanto faz".[16]

---

14. Ibid., p. 58.
15. Ibid., p. 279.
16. Chapple e Talbot, *Burning Desires*, cap. 1.

O vício do sexo entre os homens não está totalmente vinculado a uma inclinação obsessiva para a variedade. Como no caso das mulheres, pode assumir a forma de masturbação compulsiva, muito frequentemente ligada à fantasia sexual que invade quase todas as outras atividades em que a pessoa se envolve. Ocasionalmente, a "compulsão sexual" está focalizada apenas em uma pessoa. Charlie, descrito em um estudo realizado por Susan Forward, relata ter de fazer sexo com sua parceira várias vezes por dia. A caracterização que ele faz do seu comportamento é reflexivamente sofisticada, e autoconscientemente utiliza a linguagem do vício: "Podíamos ter feito sexo dez vezes aquela semana, mas se na décima primeira ela dissesse 'não', eu me sentiria rejeitado e ficaria furioso com ela. Agora sei que isso não era razoável, mas tudo o que conseguia enxergar naquele momento era que a minha 'dependência' estava me afastando de mim".[17]

Aqueles que buscam variedade, em sua maioria "garanhões", combinam uma dedicação à busca sexual a um desprezo mal dissimulado pelos próprios objetos do seu desejo. Segundo as palavras de um autor, "eles buscam as mulheres com uma urgência e uma objetividade que fazem com que a corte habitual pareça casual e despropositada, e com um descuido que frequentemente põe em risco os seus casamentos, suas carreiras e sua saúde".[18] As mulheres que são desejadas com uma intensidade esmagadora transformam-se em nada assim que um caso atingiu o seu objetivo – embora muitos desses homens busquem estabilidade fora de seus casos eventuais, mantendo ao mesmo tempo um relacionamento contínuo. Assim fazendo, com frequência têm de enfrentar os mais terríveis enganos e disfarces.

A caça para a conquista sexual produz o mesmo ciclo destruidor de desespero e desilusão observado em outros vícios. Eis o escritor citado acima, referindo-se às suas próprias experiências,

---

17. Susan Forward, *Men Who Hate Women and the Women Who Love Them*, New York: Bantam, 1988, p. 68.
18. Peter Trachtenberg, *The Casanova Complex*, New York: Pocket Books, 1988, p. 17.

que por fim o levaram a juntar-se a um grupo de autoajuda para o vício do sexo:

> Compreendi que as medidas que sempre havia assumido para afastar a dor tornaram-se imensuravelmente dolorosas: levar uma mulher para a cama não "funcionava" mais para mim. Perdi muita coisa na busca do meu vício, e a minha sensação de vazio pessoal agora me atingia minutos depois da minha última conquista. O sexo não me proporcionava nada além da liberação física da ejaculação; muito frequentemente, eu sequer conseguia atingir o orgasmo. As mulheres não eram mais objetos de amor ou mesmo de desejo. Eu havia atingido o ponto em que sentia repugnância por minhas parceiras mesmo quando as penetrava, e a causa da minha aversão era principalmente o fato de eu saber o quanto precisava delas.[19]

Como ele mais tarde acrescenta, é difícil aceitar tranquilamente as afirmações de alguns garanhões de que suas atividades não são um problema para eles. A resposta de um homem às suas perguntas foi: "*Achar* as mulheres é um problema; mas levá-las para a cama, não". Mas a ansiedade em relação às mulheres, e o medo delas, aparecem rapidamente nas entrevistas da autora com tais homens; a calma com que podiam falar de suas explorações sexuais contrasta com a natureza frenética da busca, assemelhando-se à característica de negação de outros vícios. As observações que utilizam para comentar as suas atividades são muito similares àquelas utilizadas pelos alcoólatras quando justificam a sua bebida: "é só este", "não vai fazer mal a ninguém", "minha mulher nunca vai descobrir".[20]

É importante esclarecer o curso desta discussão. A galantaria não deveria ser contraposta a um modelo implícito de monogamia, como se a "fidelidade" pudesse ser definida em termos de exclusividade sexual. A atividade do garanhão está certamente ligada ao que mais tarde chamarei de sexualidade episódica, mas as duas não são a mesma coisa. A conexão entre elas é a compulsividade.

---

19. Ibid., p. 289.
20. Ibid., p. 283-4.

Sexualidade e sedução

Seria possível supor-se que a compulsividade sexual masculina é simplesmente a sexualidade masculina libertada de seus tradicionais constrangimentos. Além disso, não existiram sempre muitas culturas em que os homens ricos acumularam o máximo possível de esposas ou concubinas? Casanova não é o arquétipo do herói masculino — admirado também por muitas mulheres — e o precursor dos James Bonds atuais?

Entretanto, no contexto das culturas pré-modernas, a posse de duas ou mais esposas em geral tinha pouco ou nada a ver com a própria conquista sexual. Virtualmente todas as sociedades poligâmicas têm tido sistemas de casamento arranjado. A aquisição de várias esposas exigia, e expressava, riqueza ou prestígio social; acontecia o mesmo com o concubinato, que era uma instituição aceita. Nas culturas pré-modernas não há lugar para Casanova; ele é um personagem de uma sociedade no limiar da modernidade. Não tinha interesse em acumular esposas, se tal coisa fosse possível. Para ele, o sexo era uma busca sem fim, concluída, não ao se atingir a autorrealização ou a sabedoria, mas apenas pela decrepitude da velhice. Os homens querem amor? Bem, certamente no sentido exato do que significa a vida de Casanova. Ele foi o primeiro *"ladies' man"*: uma expressão notável porque, apesar de parecer o contrário, mostra quem pertence a quem.

Tais homens amam as mulheres, embora não possam amar apenas uma mulher em particular. Sem dúvida é um amor que se origina em parte do medo, mas é interessante que, tanto quanto se sabe, Casanova não dedicava às mulheres aquele completo desprezo que parece tão aparente entre os garanhões, como ocorre pelo menos entre alguns homens *gays*, atualmente. Ele não foi de modo algum uma figura típica: na velhice, ficou reduzido à violação como um meio de manter ativa a sua vida sexual. Em sua juventude, no entanto, procurou cuidar das mulheres que amou e abandonou, muito frequentemente arranjando-lhes maridos adequados. Segundo Havelock Ellis, Casanova "amou muitas mulheres, mas partiu poucos corações",[21] embora esse julgamento certamente seja muito benevolente. De um modo característico em suas memórias, Casanova escreveu de modo encantador sobre as mulheres com quem se envolveu sexualmente, e muitos de seus comentários bem posteriores à ocorrência dos romances eram, segundo a sua própria perspectiva, generosos e elogiosos em relação a elas.

Casanova era um sedutor. Suas explorações sexuais ocorreram em uma época em que se supunha que as mulheres solteiras deveriam manter-se virtuosas e, na maior parte dos grupos sociais, exceto a aristocracia, o adultério por parte das mulheres casadas, se descoberto, podia ter consequências devastadoras. Suas seduções tinham de ser conduzidas com cuidado, e com muita frequência eram diligências relativamente prolongadas, pois muitos preparativos tinham de ser feitos. O processo necessariamente não terminava uma vez realizada a conquista, pois Casanova muitas vezes tinha de certificar-se, depois do ocorrido, de que as acompanhantes, os guardiães e os parentes da mulher envolvida permaneciam sem suspeitas.

Hoje em dia, os garanhões são produtos das próprias transformações da vida pessoal às quais, à superfície, eles parecem se contrapor mais firmemente. São sedutores em uma época em que a sedução virtualmente tornou-se obsoleta, e isto explica muita coisa sobre a natureza de sua compulsão. A "sedução" perdeu grande parte do seu significado em uma sociedade em que as mulheres tornaram-se muito mais sexualmente "disponíveis" aos homens do que jamais o foram, embora – e isto é importante – apenas mais como uma igual. A atitude do garanhão reflete essa mudança fundamental e ao mesmo tempo reclama contra ela.[22]

Os garanhões atuais poderiam parecer fósseis de uma época anterior, aproximando-se de sua presa com bravura, armados

---

21. Havelock Ellis, *Psychology of Sex*, London: Heinemann, 1946, p. 189.
22. Trachtenberg, *The Casanova Complex*, p. 241.

apenas com penicilina, camisinhas (espera-se) e prontos para enfrentar o risco da aids. Mas se os meus argumentos anteriores estiverem corretos, os garanhões compõem uma parte intrínseca do mundo atual da sexualidade. Eles são sedutores sim, e nesse sentido estão preocupados acima de tudo com a conquista sexual e com o exercício do poder. Mas qual o preço da vitória, quando esta é tão fácil? O que há para saborear, quando o outro não está apenas disponível, mas talvez esteja igualmente ansioso pela experiência sexual?

A asserção do poder na sedução, através da qual as mulheres são dominadas ou simbolicamente "mortas", podia na aparência dar a impressão de tornar-se absolutamente desafiadora quando o indivíduo se vê diante de alguém que estabelece a sua igualdade. Mas a igualdade sexual feminina, como descobriu Graham Hendrick, dissolve a velha divisão entre a mulher virtuosa e a mulher corrupta ou degradada. Visto que o "ato de matar" do sedutor depende da destruição da virtude, a busca perde a sua dinâmica principal. Aquela "integridade" que o sedutor buscava espoliar, ou manter sob o seu poder, não é mais a mesma inocência sexual, e não está mais ligada ao gênero. No contexto do relacionamento puro, a integridade mantém um papel fundamental, mas torna-se um atributo ético que cada parceiro presume no outro.

Nas épocas mais tradicionais, o sedutor seguia o seu próprio caminho de genuíno aventureiro, lançando um desafio não apenas a cada mulher, mas a todo um sistema de regulamentação sexual. Era um subvertor da virtude e também lutava contra outros inimigos imaginários, porque seduzir significava desafiar uma ordem masculina de proteção e controle sexual. O garanhão atual não é alguém que cultiva o prazer sensual, mas uma pessoa que busca emoções em um mundo de oportunidades sexuais abertas. A emoção da busca proporciona o êxtase – mas o êxtase tende mais tarde a se transformar em dependência. Os garanhões não são tão libertinos quanto contrarrevolucionários involuntários em um ambiente em que a sexualidade e a intimidade estão vinculadas como jamais o foram. O amor confluente presume a intimidade: se tal amor não for alcançado, o indivíduo está preparado para partir. Os garanhões mantêm aquele "espaço potencial" necessário por outros meios além do respeito pelo parceiro. Sua capacidade de "partir" é alcançada pela antecipação do próximo encontro sexual potencial. Frequentemente, são mestres da retórica do amor romântico, mas são incapazes de produzir a partir dele uma narrativa emocionalmente coerente do eu. Em consequência disso, um homem que é fluente e confiante quando segue a sua rotina de sedução poderia perceber-se desajeitado, titubeante e desesperado para ir embora, uma vez terminado o ato sexual. Ele está, na verdade, na posição do fetichista de Karl Krauss, que aspira apenas o sapato de uma mulher, mas em vez disso tem de lidar com o ser humano inteiro.

Alguns desses homens fazem sexo com cem ou mais mulheres por ano: em que sentido poderiam dizer que "querem amor"? Em um sentido especial e de urgência. Sua dependência das mulheres é bastante óbvia, na verdade tão óbvia que chega a ser uma influência controladora em suas vidas. Um dia a sedução foi facilmente assimilada em um mundo masculino de realização e de superação de obstáculos – o mundo masculino da própria modernidade. Mas essa indicação fica vazia quando a sedução perde o seu antigo significado. O garanhão não pode ser "especial" para cada parceiro sexual do mesmo modo como o conseguia Casanova – como o espoliador da virtude, mas também como o potencial salvador de uma vida de isolamento sexual. O aventureiro sexual moderno tem rejeitado o amor romântico, ou utiliza a sua linguagem apenas como retórica de persuasão. Por isso, a sua dependência das mulheres só pode ser validada através dos mecanismos da conquista sexual. Seria possível argumentar-se que, mais que os outros homens, o garanhão distingue a ligação entre a sexualidade, a intimidade e a construção reflexiva da autoidentidade; mas ele é mais escravo das mulheres do que competente para encará-las como seres independentes capazes de dar e aceitar amor. O garanhão aparece como uma figura que "as ama e as deixa". Na verdade ele é absolutamente incapaz de "deixá-las": cada abandono é apenas um prelúdio de outro encontro.

O SIGNIFICADO SOCIOLÓGICO DA CODEPENDÊNCIA

Os garanhões frequentemente apresentam qualidades intimamente relacionadas com os traços comuns do amor romântico – nesse caso, são homens que vão arrebatar as mulheres ou cortejá-las com particular fervor, tendo talvez se especializado em fazê-lo. Algumas mulheres – às quais todas essas coisas são hoje em dia muito familiares – poderiam muito bem optar por uma ligação sexual de curta duração na busca de uma excitação ou de um prazer transitórios. Para tais mulheres, o atrativo do galã rapidamente desaparece ou é deliberadamente mantido sob controle.

A maior parte das amadas dos galãs não é de modo algum assim![1] Ao contrário, uma vez iniciado qualquer relacionamento, o mais provável é que fiquem logo profundamente envolvidas. As vidas de tais mulheres são repletas de romances desastrosos ou de envolvimentos longos e dolorosos com homens que, de um modo ou de outro, abusaram delas. Resumindo, essas mulheres são codependentes, tendo-se tornado um lugar-comum na literatura terapêutica que a codependência – embora de forma alguma limitada às mulheres – é um termo que de certa

---

1. Peter Trachtenberg, *The Casanova Complex*, New York: Pocket Books, 1988, p. 244-8.

maneira descreve o que antigamente se chamava genericamente de "papel feminino".[2]

As mulheres codependentes são protetoras, necessitam cuidar dos outros, mas, em parte ou quase inteiramente inconscientemente, preveem que a sua devoção será mal recebida. Que ironia dolorosa! É quase certo que a mulher codependente venha a se envolver em uma relação justamente com um namorador. Ela está preparada e talvez até ansiosa para "salvá-lo"; ele exige tal tolerância porque, a menos que seja totalmente hipócrita e consiga esconder completamente as suas verdadeiras atitudes, as outras mulheres o rejeitarão.

A natureza da codependência

O termo "codependente" é um exemplo daquela "reflexividade inversa" tão comum na época atual. Não foi uma palavra inventada por profissionais, mas surgiu da atuação de indivíduos que lutavam contra o seu próprio alcoolismo. Nos primeiros grupos de autoajuda de alcoólatras, o alcoolismo era considerado uma fraqueza da pessoa afetada. Supôs-se que o alcoólatra se recuperaria melhor na companhia de outros que sofressem do mesmo problema, fora de um contexto familiar. Posteriormente, veio a ser reconhecido que o alcoolismo afeta outras pessoas com quem o alcoólatra está regularmente em contato; mas a maior parte ainda acreditava que o alcoólatra teria de ser curado antes de se reintegrar com êxito em um contexto doméstico. Finalmente, no entanto, ficou claro que os alcoólatras têm pouca chance de se manter sóbrios se retornam a relacionamentos ou a famílias em que tudo o mais permanece o mesmo; em geral, todos esses relacionamentos giram em torno do vício do alcoólatra.

---

2. Cf., por exemplo, Colette Dowling, *The Cinderella Complex*, New York: Pocket Books, 1981, p. 34.

As vidas dos outros, com frequência de modos sutis, mas às vezes altamente prejudiciais, são, portanto, dependentes da dependência do viciado. Um dos primeiros termos criados para interpretar essa situação foi o "propiciador" – a pessoa, em geral o parceiro sexual ou o cônjuge, e mais comumente uma mulher, que consciente ou inconscientemente dá guarida à bebida do indivíduo. A ideia do "codependente" veio substituir aquela do propiciador, pois ficou claro que tal indivíduo poderia estar sofrendo tanto quanto a pessoa, ou até mais, com a dependência química.[3]

Uma vez assim generalizado, o termo "codependência" suscitou algumas más interpretações. Desenvolveu-se em um contexto em que havia um "viciado" definido, a cujo comportamento o outro responde. A ideia implica uma prioridade de quem se torna dependente de quem; refere-se, digamos assim, a um vício secundário, o propiciador defrontando-se com o alcoólatra. Utilizado dessa maneira, o conceito mistura duas coisas: a refração de um vício sobre outro, que edifica o seu comportamento em torno dele, e a qualidade de interação de um relacionamento. Como fator complicador adicional, a codependência está muito frequentemente ligada não a um relacionamento específico, mas a um tipo de personalidade. Segundo Jody Hayes:

> A codependente busca aprovação de praticamente todos com quem ela entra em contato. Em vez de construir uma vida em torno de uma pessoa, pode ter vários "bezerros de ouro" em torno dos quais ela dança – talvez sua mãe e seu pai, suas amigas mulheres, seu chefe e o caixa do supermercado, além do seu amante. Ela vive a sua vida em torno das necessidades dos outros.[4]

Eu formulo os conceitos em questão da seguinte forma. Uma *pessoa* codependente é alguém que, para manter uma sensação de segurança ontológica, requer outro indivíduo, ou um conjunto

---

3. Anne Wilson Schaeff, *Codependence*. Misunderstood-Mistreated, San Francisco: Harper and Row, 1986, p. 11.
4. Jody Hayes, *Smart Love*, London: Arrow, 1990, p. 31.

de indivíduos, para definir as suas carências; ela ou ele não pode sentir autoconfiança sem estar dedicado às necessidades dos outros. Um *relacionamento* codependente é aquele em que um indivíduo está ligado psicologicamente a um parceiro cujas atividades são dirigidas por algum tipo de compulsividade. Chamarei de relacionamento *fixado* aquele em que o próprio relacionamento é o objeto do vício. Nos relacionamentos fixados, os indivíduos não constroem suas vidas em torno dos vícios preexistentes de outras pessoas; mais que isso, necessitam que o relacionamento proporcione uma sensação de segurança que de outro modo eles não conseguem encontrar. Em sua forma mais benigna, os relacionamentos fixados são aqueles consolidados no hábito. Tais relacionamentos são muito mais turbulentos quando as pessoas em questão estão vinculadas por formas de antagonismo mútuo das quais são incapazes de se libertar.

Podemos supor que os relacionamentos fixados são mais difundidos que a codependência em qualquer de suas modalidades principais. Um relacionamento fixado é construído mais em torno da dependência compulsiva que da codependência. Nenhum dos participantes é nitidamente um viciado, mas ambos são dependentes de um elo que é uma questão de obrigação de rotina ou é realmente destrutivo para as partes interessadas. Os relacionamentos fixados em geral presumem uma divisão de papéis. Cada pessoa depende de uma "alteridade" proporcionada pelo parceiro, mas nenhum dos dois é inteiramente capaz de reconhecer a natureza de sua dependência do outro, ou de com ela chegar a um acordo. Os homens tendem a se estabelecer em relacionamentos fixados na medida em que estão com outros aos quais são profundamente ligados, mas apenas enquanto essa ligação não seja percebida ou seja ativamente negada. No caso das mulheres, a dependência compulsiva está mais frequentemente associada a um papel doméstico que se transformou em fetiche – um envolvimento ritual, por exemplo, com os afazeres domésticos e as necessidades dos filhos.

Na terapia, o trabalho daqueles que buscam ajudar os indivíduos a se libertar de relacionamentos viciados fornece, mais uma vez, indícios sobre as transformações estruturais que influenciam tais relacionamentos. Encontramos aqui mais uma vez a crescente centralização do relacionamento puro, assim como suas íntimas conexões com o projeto reflexivo do eu e com um modelo de amor confluente. Laços viciados: 1. não admite o controle do eu nem do outro, tão vital para o relacionamento puro; 2. submerge a autoidentidade no outro ou em rotinas estabelecidas; 3. evita aquela abertura ao outro que é a condição prévia da intimidade; 4. tende a preservar as diferenças de gênero e as práticas sexuais não igualitárias.

A primeira injunção de todos os programas de terapia é uma injunção reflexiva: reconhece que a pessoa tem um problema e, devido a esse reconhecimento, começa a fazer algo a respeito! Nos grupos de autoajuda de alcoólatras, "fundo do poço" é o termo frequentemente utilizado para descrever o estado de espírito daqueles que dizem, "Já chega: eu vou mudar!", "Mesmo depois da decisão já tomada em algum nível, você ainda pode necessitar de uma sacudidela que impulsione a ação. Poderia ser uma rejeição, um acidente de automóvel, os maus-tratos de um parceiro sexual, a perda da sobriedade ou um surto de ataques de ansiedade. Consequências nocivas são como uma injeção de energia no lado saudável".[5] A decisão de agir envolve, em geral, a garantia da ajuda de outras pessoas externas ao próprio relacionamento viciado, pois esse é um modo fundamental de se vencer a distância inicial, e também de apoio.

O desenvolvimento da atenção reflexiva implica, como ponto de partida básico, o reconhecimento da escolha. Enfatiza-se que a escolha significa a avaliação dos limites da pessoa e dos constrangimentos a que ela está sujeita: é assim que se avaliam as possibilidades. O momento reflexivo é chamado por um autor de "conversa consigo mesmo". A conversa consigo mesmo é uma reprogramação, uma maneira de se considerar até que ponto as rotinas estabelecidas poderiam ser modificadas ou, se

---

5. Charlotte Kasl, *Women, Sex and Addiction*, London: Mandarin, 1990, p. 340.

possível, descartadas. Reconhecer a escolha significa vencer os "programas negativos" que apoiam os padrões viciados. Soa assim a programação viciada:

> "Eu simplesmente não posso fazer isso";
> "Sei apenas que isso não funciona";
> "Não sou talhado para isso";
> "Não sou criativo o bastante";
> "Jamais terei dinheiro suficiente";
> "Não consigo tolerar o meu chefe";
> "Nunca pareço ter o tempo que necessito para fazer as coisas"... e assim por diante.[6]

Deveríamos recuar do círculo ingênuo e quase totalitário da injunção para evitar todos esses pensamentos: é óbvio que "eu simplesmente não posso fazer isso", "sei apenas que isso não funciona" e todo o resto frequentemente podem ser avaliações realistas das oportunidades de uma pessoa em um determinado contexto. A reflexividade é uma condição necessária, mas não suficiente, para a emancipação do vício. Não obstante, a importância comportamental de tal programação é bastante evidente.

Ficou claro que a escolha reflete-se diretamente sobre a natureza do eu. O que uma pessoa deseja ajuda a definir quem essa pessoa é; e encontrar uma autoidentidade firme é fundamental para a identificação das carências. "Pode haver milhares de pequenas escolhas em um só dia. Todas elas são importantes."[7] Mas algumas são mais importantes que outras. Os relacionamentos compulsivos, como repetidamente afirma a literatura terapêutica, embora nem sempre de maneira exaustiva, impedem a exploração reflexiva da autoidentidade. Assim, um indivíduo codependente é considerado por Kasl precisamente como "alguém cuja identidade mais íntima está subdesenvolvida ou é

---

6. Shad Helmstetter, *Choices*, New York: Pocket Books, 1989, p. 47.
7. Ibid., p. 97.

desconhecida, e que mantém uma identidade falsa construída a partir de ligações dependentes de fontes externas".[8]

O vício e a questão da intimidade

Os indivíduos codependentes estão acostumados a encontrar a sua identidade através das ações ou das necessidades dos outros; mas em qualquer relacionamento viciado o eu tende a fundir-se com o outro, porque o vício é uma fonte primária de segurança ontológica. Um dos objetivos frequentemente sugeridos nas primeiras fases da terapia ou dos grupos de autoajuda é aquele do "desprendimento" – a renúncia à tentativa de controlar os outros, característica da codependência. O indivíduo é encorajado a tentar se libertar de seu "contrato não explicitado" para reabilitar o outro. O processo é extremamente difícil de ser enfrentado, embora seus indicadores superficiais sejam aparentes: suas conversas não são mais tão continuamente centralizadas naquilo que "ele" pensa ou faz, no que "eles" dizem, no que "meu marido" ou "meu amante" fala. Nos grupos de apoio para os parceiros dos alcoólatras, o desprendimento é rotulado de Distanciamento Amoroso, expressão demasiado banal para um fenômeno muito verdadeiro – a capacidade que o codependente desenvolve de continuar a cuidar do outro sem carregar nos ombros o peso do seu vício.[9]

O que parece à primeira vista um encorajamento do egoísmo, até do narcisismo, deveria ser antes compreendido como um ponto de partida essencial para a possibilidade de desenvolvimento do amor confluente. É um pré-requisito para o reconhecimento do outro como um ser independente, que pode ser amado por seus traços e qualidades peculiares; e também oferece a oportunidade

---
8. Kasl, *Women, Sex and Addiction*, p. 36.
9. Ibid., p. 73.

de libertação de um envolvimento obsessivo, de um relacionamento doente ou quase morto. Estas são algumas características, relacionadas por um terapeuta, dos novos hábitos que poderiam substituir os mais antigos e mais compulsivos:

> Você pode ouvir o problema de um amigo – apenas ouvir – mas não tentar salvá-lo.
> Em vez de dedicar-se apenas a uma pessoa, interessar-se por muitas pessoas.
> Em vez de voltar ao "local do crime" – onde mora o seu ex-amante, ou a locais especiais onde vocês dois iam juntos – encontrar locais mais interessantes para visitar.
> Se deseja algo ou alguém que não está disponível, desfrutar da companhia de algo ou de alguém disponível.
> Em vez de concordar com os maus-tratos, terminar o relacionamento.
> Se acabou de romper com um amante e ele sempre telefonava a uma determinada hora, encontrar outra coisa agradável para fazer naquele horário.[10]

A definição dos limites pessoais é considerada fundamental para um relacionamento não viciado. Por quê? Mais uma vez, a resposta está diretamente relacionada ao eu e à sua reflexividade. Os limites estabelecem o que pertence a quem, psicologicamente falando, e por isso neutralizam os efeitos da identificação projetiva. Os limites claros em um relacionamento são obviamente importantes para o amor confluente e para a manutenção da intimidade. Intimidade não significa ser absorvido pelo outro, mas conhecer as suas características e tornar disponíveis as suas próprias. Paradoxalmente, a abertura para o outro exige limites pessoais, pois é um fenômeno comunicativo; exige também sensibilidade e tato, pois não é o mesmo que viver absolutamente sem pensamentos particulares. O equilíbrio da abertura, da vulnerabilidade e da confiança, desenvolvido em um relacionamento, determina

---

10. Ibid., p. 73.

se os limites pessoais transformam-se ou não em divergências que, em vez de estimular, obstruem tal comunicação.[11]

Esse equilíbrio presume também um equilíbrio de poder – e é por isso que o relacionamento puro, com a sua promessa de intimidade, depende tanto da crescente autonomia das mulheres quanto da sexualidade plástica, não mais vinculada ao padrão duplo. O mesmo terapeuta anteriormente mencionado apresenta uma tabela que identifica as características dos relacionamentos viciados *versus* relacionamentos íntimos:

VICIADOS	ÍNTIMOS
Obsessão em encontrar "alguém para amar" Necessidade de uma gratificação imediata	Desenvolvimento do eu como a principal prioridade Desejo de uma satisfação a longo prazo; o relacionamento desenvolve-se passo a passo Liberdade de escolha
Pressão do parceiro para o sexo ou para o compromisso Desequilíbrio do poder O jogo do poder para controlar	Equilíbrio e mutualidade no relacionamento Compromisso, negociação ou revezamento na liderança Compartilhamento das vontades, dos sentimentos e avaliação do que o seu parceiro significa para você
Prática do silêncio, sobretudo se as coisas não vão indo bem Manipulação Falta de confiança	Franqueza Confiança adequada (ou seja, saber qual será o provável comportamento do seu parceiro, de acordo com a natureza fundamental) Compreensão da individualidade do outro O relacionamento lida com todos os aspectos da realidade

---

11. C. Edward Crowther, *Intimacy. Strategies for Successful Relationships*, New York: Dell, 1988, p. 156-8.

Tentativas de mudar de parceiro para satisfazer as próprias necessidades	O relacionamento está sempre mudando
O relacionamento é baseado na ilusão e em se evitar o desagradável	Autopreservação por parte de ambos os parceiros
O relacionamento é sempre o mesmo	
Expectativa de que um dos parceiros vai se firmar e salvar o outro	
Fusão (ficar obcecados com os problemas e sentimentos um do outro)	Distanciamento amoroso (preocupação saudável com o bem-estar e a evolução do parceiro, embora com desprendimento)
Paixão confundida com medo	O sexo deriva da amizade e da proteção
Culpar a si mesmo ou ao parceiro pelos problemas	Solução conjunta dos problemas
Ciclo de dor e de desespero	Ciclo de bem-estar e satisfação[12]

Psicologismo piedoso? Talvez, pelo menos até certo ponto. Autocontraditório, com respeito a algumas das afirmações feitas na coluna à direita? Sem dúvida – embora de certo modo elas expressem contradições reais da vida pessoal. Não creio que as possibilidades relacionadas sejam mero pensamento desejoso; elas refletem algumas das características tendenciosas da transformação da intimidade que busco documentar no decorrer do livro. Quem poderia deixar de enxergar nelas a evidência da democratização da vida cotidiana, assim como um programa visando a essa democratização? A comparação da lista da esquerda com a da direita revela um quadro de emancipação. Esta não é apenas uma "libertação": como está aqui retratada, a intimidade possui um conteúdo substantivo. Começamos a perceber com o que poderia se parecer um domínio pessoal liberado.

---

12. Hayes, *Smart Love*, p. 174-5.

Intimidade, parentesco, paternidade/maternidade

A transformação da intimidade diz respeito ao sexo e ao gênero, mas não está limitada a eles – fato que sustenta a tese, que mais adiante desenvolverei em detalhes, de que o que está em jogo aqui é uma transição básica na ética da vida pessoal como um todo. Assim como o gênero, o parentesco foi um dia considerado como naturalmente outorgado, uma série de direitos e deveres criados por laços biológicos e de casamento. Tem sido amplamente declarado que as relações de parentesco foram se destruindo com o desenvolvimento das instituições modernas, que deixaram a família nuclear em um enorme isolamento. Sem pormenorizar a questão, pode-se perceber que esta visão é errada, ou pelo menos enganosa. Na sociedade da separação e do divórcio, a família nuclear gera uma diversidade de novos laços de parentesco associada, por exemplo, às chamadas famílias recombinadas. Entretanto, a natureza desses laços modifica-se à medida que estão sujeitos a uma negociação maior que a anterior. As relações de parentesco costumavam ser, com frequência, uma base de confiança tacitamente aceita; hoje em dia, a confiança tem de ser negociada e barganhada e o compromisso é uma questão tão problemática quanto nos relacionamentos sexuais.

Ao analisar as atuais relações de parentesco, Janet Finch fala em um processo de "decisão".[13] As pessoas têm de decidir como lidar com os parentes e, assim fazendo, constroem uma nova ética da vida cotidiana. Ela se refere a esse processo, explicitamente, em termos de uma linguagem de compromisso. As pessoas tendem a organizar suas relações de parentesco através de um "compromisso negociado", segundo o qual planejam a "coisa adequada a fazer" em relação a seus parentes em uma variedade específica de contextos. Por exemplo, um indivíduo não decide emprestar dinheiro a um cunhado porque isso é definido na família ou na

---

13. Janet Finch, *Family Obligations and Social Change*, Cambridge: Polity, 1989, p. 194-211.

sociedade mais ampla como uma obrigação; o dinheiro é emprestado porque a pessoa desenvolveu uma série de compromissos em relação ao outro, que definem ser esta a coisa certa a fazer.

Até que ponto as relações entre pais e filhos diferem dessa situação? Evidentemente, na interação adulto-criança há um evidente desequilíbrio de poder, especialmente nos primeiros anos de vida da criança. Sob esse aspecto, seria possível supor-se que a qualidade do relacionamento tem pouco a ver com o cuidado proporcionado, pois há obrigações sociais predeterminadas de um tipo de ligação de ambos os lados. Mas há uma boa razão para se duvidar que tais obrigações sejam tão fortes entre muitos grupos hoje em dia. A melhor maneira de demonstrar isso é "retomar" os laços pais-filhos claramente negociados até aqueles característicos da primeira infância. Muitos pais são atualmente tão padrastos e madrastas quanto mães e pais biológicos. Os padrastos em geral aceitam alguns deveres e direitos em relação às crianças, mas, na opinião de Finch, estes são, hoje em dia, geralmente "compromissos negociados", tanto por parte das crianças quanto dos adultos. Ou considerar o caso dos deveres que os filhos adultos assumem em relação aos pais idosos. Em algumas circunstâncias e contextos culturais é mais ou menos tacitamente aceito que os pais podem contar com seus filhos para apoio material e social. Mas a tendência clara de desenvolvimento é que tal apoio venha depender da qualidade dos relacionamentos estabelecidos.

A influência determinante parece estabelecer-se sobre o que poderia ser descrito como a constituição de compromissos cumulativos.[14] Em um estudo de mães e filhas, por exemplo, uma entrevistada diz: "Minha mãe e eu morávamos juntas porque escolhemos isso, gostávamos uma da outra... dividíamos a mesma casa, ríamos juntas... Eu era uma pessoa independente, minha mãe também. Nós morávamos juntas, eu não estava apenas cuidando dela".[15] Ela se sentia comprometida a cuidar de sua mãe

---

14. Ibid., p. 204-5.
15. J. Lewis e B. Meredith, *Daughters Who Care*, London: Routledge, 1988, p. 54.

como resultado de sua longa história juntas; mas o elemento do afeto mútuo era importante. Como observa Finch, a ideia dos relacionamentos cumulativos nos auxilia a compreender como, por certo período de tempo, torna-se "óbvio" para um dos filhos que várias formas de cuidado devessem ser proporcionadas a um ou ambos os pais, enquanto outro filho poderia sentir de modo absolutamente diferente.[16]

O quadro é mais complexo no caso da relação de pais com filhos pequenos. Não se trata apenas de os pais serem muito mais poderosos que as crianças muito pequenas; suas atitudes e sua conduta moldam a personalidade e as tendências do filho. Mas certamente não seria correto supor que a infância não tenha sido afetada pelo mundo dos relacionamentos puros. A invenção social da maternidade pressagiou e deu forma concreta à ideia de que a mãe deveria desenvolver um relacionamento afetuoso com o filho, relacionamento este que confere um peso específico às necessidades da criança. Os manuais de educação infantil publicados no início deste século aconselhavam os pais a não serem amigáveis demais com seus filhos porque a sua autoridade ficaria enfraquecida. Posteriormente, foi desenvolvida a opinião de que os pais deveriam procurar criar laços emocionais íntimos com seus filhos, mas também dar o devido reconhecimento à autonomia deles.[17] Assim como alguns falaram do narcisismo para se referir à posição do eu na sociedade moderna, outros sugeriram que a interação pais-filhos movimentou-se em direção a uma maior "permissividade". Mas este é um rótulo inadequado para se referir à tentativa de se desenvolver estratégias de educação infantil alternativas àquelas do passado. O que vem à tona é a qualidade do relacionamento, com uma ênfase sobre a intimidade que substitui a relação de autoridade dos pais. De ambos os lados são solicitados sensibilidade e compreensão.[18]

---

16. Finch, *Family Obligations and Social Change*, p. 205.
17. H. Gadlin, "Child discipline and the pursuit of the self: an historical interpretation", in *Advances in Child Development and Behaviour*, v. 12, 1978.
18. Ibid., p. 75-82.

Pais e filhos

Nas discussões terapêuticas de relacionamentos codependentes ou fixados, os indivíduos que desejam desenvolver vínculos pessoais íntimos com outros são, quase sem exceção, aconselhados a "tratar a criança que têm dentro de si". As relações entre os pais e as crianças pequenas reaparecem, aqui, de um modo fundamental, como estando associadas ao relacionamento puro e ao modelo do amor confluente. Por que uma "libertação do passado" é tão importante para que se atinja a intimidade? Uma vez que tantas formas de terapia, começando pela psicanálise, são orientadas para a experiência da infância, a resposta a esta pergunta poderia muito bem fornecer mais indícios sobre a importância da terapia e do aconselhamento na cultura moderna em geral.

Podemos novamente partir de um guia terapêutico, neste caso o de Susan Forward, uma vez que ela dá conselhos sobre como "tratar o passado".[19] Sua discussão concentra-se no caso de Nicki, jovem mulher que estava tendo dificuldades em seu casamento. Era incapaz de se impor no relacionamento e quando o marido se zangava com ela, sentia-se humilhada e indefesa. A terapeuta solicitou-lhe que recordasse de incidentes em sua infância que tivessem feito com que ela se sentisse de modo semelhante, e encontrasse um exemplo particular – um daqueles incidentes que sempre vêm à cabeça. Seu pai sempre quis que ela aprendesse a tocar bem piano, e, embora não estivesse muito interessada, esforçava-se bastante para agradá-lo. Quando tocava diante de outras pessoas, ficava ansiosa, e a qualidade da sua execução piorava. Em um recital, ficou tão nervosa que esqueceu toda uma parte da peça que deveria tocar. Após o recital, no caminho de volta para casa, seu pai lhe disse que, depois do seu desastre, não sabia como ela poderia novamente olhar de

---

19. Susan Forward, *Men Who Hate Women and Women Who Love Them*, New York: Bantam, 1988.

frente para qualquer das pessoas presentes na audiência. Ela o havia desgraçado diante de todos, era irresponsável, desatenta e preguiçosa demais para praticar.

Nicki ficou totalmente aniquilada, depois de ter desejado tanto agradá-lo. Em suas palavras: "Eu me senti como se estivesse morrendo". A terapeuta percebeu que em seu casamento ela estava revivendo as cenas de sua infância e "perdendo o seu eu adulto".[20] Pediu-lhe que levasse à sessão uma foto de quando era menina, e quando olharam juntas para a foto, Nicki recordou-se de muitas outras circunstâncias em que seu pai a havia envergonhado de um modo semelhante. Depois disso, a terapeuta sugeriu-lhe que fosse até à escola local e encontrasse uma menina que a fizesse recordar-se dela própria naquela mesma idade. A ideia era a de que pudesse imaginar aquela menina sendo humilhada da mesma maneira que ela achava ter sido, a ponto de poder perceber como era pequena e indefesa na ocasião em que ocorreu a situação original. Era essa "criança interior" que ficava tão medrosa e tímida quando seu marido a criticava.

Mais tarde a terapeuta pediu a Nicki que imaginasse seu pai sentado em uma cadeira vazia diante dela e lhe dissesse as coisas que sempre quis dizer, mas jamais foi capaz. Tremendo de raiva, ela gritou:

> Como ousava me tratar assim! Como ousava me humilhar daquele jeito! Quem diabos você pensava que era? Eu sempre respeitei você. Eu adorava você. Não percebia o quanto estava me magoando? Nada que eu fiz jamais foi suficientemente bom para você. Fez com que eu me sentisse um fracasso total, seu bastardo. Eu teria feito qualquer coisa por você, apenas para conseguir que me amasse um pouco.[21]

Isto é injusto para com os pais, poderia pensar o leitor – pelo menos, o leitor homem. Afinal, talvez ele estivesse fazendo o melhor

---

20. Ibid., p. 193.
21. Ibid., p. 195.

que podia. Mas não é esta a questão, pois qualquer que fosse a sua intenção, ela sentia uma permanente vergonha. Segundo Forward, este e outros exercícios terapêuticos foram de grande valor no escoamento da raiva acumulada que Nicki sentia em relação a seu pai.

Foi-lhe solicitado que fizesse um inventário de todas as coisas negativas que, em sua opinião, seu pai sentia a respeito dela. Apareceu com uma longa lista:

> Sou imprudente
> Sou egoísta
> Sou irresponsável
> Sou sem talento
> Sou inadequada
> Sou um estorvo para a minha família
> Sou uma decepção
> Sou ingrata
> Sou uma má pessoa
> Sou um fracasso
> Sou desajeitada
> Sou preguiçosa e jamais serei nada.

Ela viu imediatamente que havia assumido muitas dessas opiniões a respeito de si mesma; e voltou à lista que havia escrito e escreveu com uma letra firme, "Isto não era verdade na época e não é verdade agora!". Em contraposição às suas opiniões sobre seu pai, ela achava que sua mãe sempre foi afetuosa e protetora. Eis uma lista do que considerava como sendo as opiniões positivas de sua mãe a seu respeito:

> Sou inteligente
> Sou meiga
> Sou encantadora
> Sou generosa
> Sou talentosa
> Sou esforçada
> Sou uma boa pessoa

Sou cheia de energia
Sou adorável
Sou uma alegria que se tem em volta.[22]

Depois de escrever esta lista, Nicki rabiscou sobre ela: "Isto é verdade e sempre foi". Mais tarde acabou percebendo que as opiniões de seus pais a seu respeito não haviam sido tão polarizadas quanto ela sempre supôs. Seu pai, por exemplo, muito frequentemente a cumprimentava por sua inteligência, sua aparência ou suas habilidades esportivas. Aos poucos aprendeu a "reassociar a criança pequena com ela" e afastou a imagem interna do pai crítico. Forward não diz se Nicki foi efetivamente capaz de melhorar o seu relacionamento com seu pai, a quem via muito pouco, mas finalmente abandonou a sua fantasia de que seu pai algum dia seria "o pai que eu sempre quis". Fazer isso foi "doloroso e triste", mas "também muito libertador. Toda a energia que ela despendeu em uma busca infrutífera pelo amor de seu pai poderia ser agora utilizada no encontro das atividades positivas e significativas para ela".[23]

Não estou preocupado em até que ponto essas técnicas particulares de terapia são eficazes, digamos assim, em comparação com a psicanálise clássica ou com outras terapias que focalizam de uma maneira mais sutil o inconsciente. Alimentar a "criança interior" significa recuperar o passado – um processo de volta para trás e de recaptura das experiências fragmentadas ou reprimidas da infância –, mas apenas com o objetivo de libertá-lo. A ênfase é direcionada sobre o presente e o futuro, e a severidade do rompimento com o passado é indicada pela necessidade de um processo de luto para abandoná-lo. Será que estamos falando aqui de mais outro vício que precisa ser deixado? Em certo sentido do termo, mais vago que aquele anteriormente discutido, acho que sim. A terapeuta está encorajando Nicki a se "desprender" de

22. Ibid., p. 198-9.
23. Ibid., p. 202.

traços muito destrutivos que exerciam uma espécie de domínio compulsivo sobre suas atitudes e ações.

A importância do luto invade grande parte da literatura terapêutica. Consideremos, por exemplo, a análise da "neurose amorosa" [loveshock] apresentada por Stephen Gullo e Connie Church.[24] Gullo desenvolveu a ideia da neurose amorosa a partir do trabalho terapêutico que realizou com veteranos da Guerra do Vietnã que sofriam de reação psiconeurótica ou psicótica [battle fatigue], frequentemente mais conhecida como neurose de guerra [shell-shock].[25] Os soldados que voltaram do Vietnã sofriam de desorientação psicológica, entorpecimento dos sentidos e uma incapacidade de estabelecer relacionamentos próximos com qualquer pessoa, exceto seus antigos companheiros de guerra. Gullo observou paralelos entre as experiências dos soldados e as reações das pessoas quando relacionamentos amorosos sérios terminavam. Podia parecer que a comparação banalizava a angústia produzida pela neurose de guerra, mas na verdade a intensidade das reações diante do rompimento de um relacionamento estabelecido é, às vezes, tão grande e a recuperação tão prolongada quanto naquele tipo de neurose.

Quando um relacionamento termina, uma imagem do outro, hábitos associados ao outro e a expectativa de que possa ocorrer uma reconciliação persistem posteriormente por muitos anos, não apenas para a pessoa abandonada, mas até mesmo para quem toma a iniciativa da separação. O luto é a condição do desprendimento de hábitos que do contrário transformam-se em traços viciados no presente. A neurose amorosa tem um "tempo psicológico" que pode durar por um período de muitos meses, embora a sua duração varie segundo o grau de envolvimento emocional com as memórias que o indivíduo precisa reelaborar. Em geral só se consegue ficar conformado com o rompimento, com o "convite

---

24. Stephen Gullo e Connie Church, Loveshock. How to Recover from a Broken Heart and Love Again, London: Simon and Schuster, 1989.
25. Para o estudo clássico das implicações psicológicas da neurose de guerra, ver William Sargant, Battle for the Mind, London: Pan, 1959.

ao adeus", nos últimos estágios do afastamento, quando já se conviveu substancialmente com a dor e com a culpa. Não é desproposital comparar-se o esforço de desprendimento nos relacionamentos adultos terminados com o esforço de se libertar um adulto de um envolvimento compulsivo com acontecimentos e traumas infantis, como é o caso de Nicki. Em cada caso há um rompimento cognitivo e emocional com o passado psicológico, assim como uma reescrita da narrativa do eu. Em ambos os exemplos, é provável que uma incapacidade para se "separar" signifique a repetição de padrões de comportamento similares, formando um ciclo, em vez de um caminho para o autodesenvolvimento autônomo. "A confrontação com a sua experiência de neurose amorosa e o aprendizado do que deu errado no relacionamento podem transformar a dor em uma experiência de crescimento e proporcionar-lhe reflexões e habilidades para a luta que podem melhorar o seu próximo relacionamento."[26]

No que se refere às relações entre os filhos adultos e seus pais, é necessário um esforço de imaginação para se pensar em termos de "recuperação" semelhante à naturalidade com que se considera a situação de alguém que está se restabelecendo da perda de um parceiro amado. A infância mais parece ser uma fase que prepara o indivíduo para uma participação posterior, mais autônoma, em um mundo adulto, do que uma fase da vida da qual, como adulto, o indivíduo precisa tentar escapar. Mas o relacionamento pais-filhos, assim como outros, é um relacionamento do qual o indivíduo tem de se libertar, embora não de um modo normal, pois ele se desintegra da mesma forma que em um relacionamento amoroso adulto. Suponha-se que consideremos o modo habitual de tratar o envolvimento pais-filhos apenas como um dentre outros relacionamentos que os indivíduos formam e do qual se afastam. Torna-se imediatamente evidente que muitos relacionamentos pais-filhos seriam considerados, de uma

---

26. Gullo e Church, *Loveshock*, p. 28.

perspectiva terapêutica, como gravemente desequilibrados – se os filhos não fossem intrinsecamente dependentes de seus pais, seria provável que fossem embora. Como tentarei indicar, se considerarmos os pais "malcomportados" do mesmo modo que os casais que regularmente passam por cima das necessidades um do outro, surgirão algumas conclusões interessantes.

Pais tóxicos?

Vou seguir mais adiante no trabalho terapêutico de Susan Forward, quando ela generaliza as suas preocupações com Nicki para apresentar um relato copioso das condições sob as quais os pais podem ser considerados "tóxicos" para seus filhos.[27] O que é um pai ou uma mãe tóxico? Há um conhecido ditado que diz que, seja qual for o comportamento dos pais em relação aos filhos, ele será errado; nenhum pai ou mãe consegue perceber todas as necessidades de um filho ou reagir adequadamente a elas. Mas há muitos pais que constantemente tratam seus filhos de um modo prejudicial ao seu senso de valor pessoal – e poderiam fazer com que eles enfrentassem batalhas eternas com as memórias e os personagens da sua infância. Os pais tóxicos

> tendem a enxergar a rebeldia ou mesmo diferenças individuais como um ataque pessoal. Defendem-se reforçando a dependência e o desamparo de seus filhos. Em vez de promoverem um desenvolvimento saudável, inconscientemente o destroem, com frequência acreditando estar agindo em benefício do filho. Podem usar frases como "isso constrói o caráter" ou "ela precisa aprender a discernir o certo do errado", mas seu arsenal de negatividade realmente causa danos à autoestima de seu filho, sabotando qualquer projeto de independência... No íntimo de todo adulto anterior-

---

27. Susan Forward, *Toxic Parents. Overcoming Their Hurtful Legacy and Reclaiming Your Life*, New York: Bantam, 1990.

mente maltratado – mesmo em se tratando de grandes empreendedores – há uma criancinha que se sente impotente e medrosa.[28]

Forward identifica uma grande variedade de pais tóxicos. Há pais que são apenas "emocionalmente inadequados". Eles não "ligam" para seus filhos, que, em consequência disso, podem achar que devem protegê-los, ou podem lutar infinitamente para encontrar sinais do seu amor. São pais que, com ou sem intenção, abdicaram de suas responsabilidades para com seus filhos. Uma categoria diferente de pais tóxicos são os controladores. Os sentimentos e as necessidades dos filhos são subordinados àqueles dos pais. A reação típica dos filhos criados deste modo é, "Por que eles não me deixam viver a minha própria vida?"

Esses tipos de toxicidade materna/paterna são de certa forma sutis; outros são mais diretamente embrutecedores. O alcoolismo mais uma vez aparece de um modo importante. Na maior parte das famílias em que um ou ambos os pais são viciados em álcool, há uma cobertura sistemática desse fato, com a qual os filhos são, na verdade, solicitados a ser coniventes, muitas vezes produzindo efeitos devastadores sobre o seu próprio desenvolvimento pessoal. "Ninguém nesta família é alcoólatra", é a imagem apresentada ao mundo exterior, mas no interior dos grupos familiares as pressões colocadas sobre as crianças podem ser esmagadoras.

Há também os agressores verbais e físicos. Todos os pais às vezes dizem coisas que seus filhos acham ofensivas; mas se o dano é visível talvez a maioria tente reparar o mal com bondade ou com um pedido de desculpas. Mas alguns pais atacam seus filhos com sarcasmo, insultos ou palavrões mais ou menos constantes. "Se alguém a virasse pelo avesso, veria esgoto saindo de cada poro do seu corpo", disse à sua filha o pai de uma das clientes de Forward; ele insistia em frequentemente dizer-lhe o quanto ela cheirava mal.[29]

---

28. Ibid., p. 16.
29. Ibid., p. 106-7.

A agressão verbal regular quase sempre acompanha a agressão física. A agressão física é definida na legislação federal norte-americana da seguinte maneira: "infligir danos físicos como equimoses, queimaduras, vergões, cortes, fraturas de ossos e do crânio; estes são causados por pontapés, perfurações, mordidas, espancamento, facadas, vergastadas, palmadas etc." As providências legais contra a punição física das crianças, nos Estados Unidos e em outros países, em geral só são invocadas em casos extremos de violência dos pais, e muitos de tais momentos jamais chegam ao conhecimento da polícia. Os filhos cujos pais são indiferentes a eles podem ser espancados como um meio que os pais utilizam para expressar outras frustrações; mas, evidentemente, o ditado "pé de galinha não mata pinto" é com frequência defendido pelos pais que acreditam que a disciplina física é uma parte necessária da indução do respeito à autoridade.

Finalmente, há o abuso sexual dos pais, aquele fenômeno que, como sabemos, em suas várias manifestações, afeta um grande número de crianças tanto do sexo feminino quanto do masculino. Em muitas famílias, o incesto veio a ser compreendido, não apenas como um desejo secreto, mas como uma realidade, estendendo-se por todas as classes sociais. Mesmo quando definido de maneira muito restrita, excluindo-se a perseguição sexual visual e verbal, e incluindo-se apenas o estímulo direto das zonas erógenas do corpo, o incesto é bem mais comum do que pensavam, anteriormente, os profissionais do bem-estar e os especialistas no estudo da família. A pesquisa sugere que cerca de 5% de todos os filhos de menos de 18 anos em algum momento de sua vida foram sexualmente molestados pelo pai ou pela mãe (incluindo madrastas e padrastos).[30] Considerando-se outros membros da família, o nível de abuso sexual é muito mais alto. A maior parte desses abusos, mas não todos, é realizada por homens; diferente do estupro, o abuso sexual dos filhos não é um crime exclusivamente masculino. Os meninos parecem ser tão

---

30. David Finkelhor et al.: *The Dark Side of Families*, Beverley Hills: Sage, 1983.

frequentemente vítimas de incesto quanto as meninas; o incesto pai-filho é o tipo mais facilmente encontrado, mas o abuso sexual dos meninos pelas mães não é raro.

Pais tóxicos: será que não estamos nos referindo aqui aos modos como muitos pais há muito tempo têm-se comportado em relação aos seus filhos, sobretudo se temos em mente as formas menos extremas e invasivas de abuso? Em uma parte substancial deles, creio ser este o caso. O período em que o tamanho da família decresceu, e os filhos passaram a ser mais "valorizados" pelos pais, foi a época em que se consolidou a ideia de que as crianças deveriam obedecer aos seus superiores. Mas, mesmo em seu início, esta era uma noção pronta para ser subvertida pela criação de uma esfera de intimidade em expansão – e foi também em grande parte uma doutrina masculina, sustentada pelo domínio do pai. A disciplina do pai ligava o filho à tradição, a uma interpretação particular do passado; a autoridade, nesta situação, continuava sendo principalmente uma asserção dogmática, endossada em muitos momentos pelo castigo físico. Em parte como resultado da "invenção da maternidade", surgiu uma forma mais suave e igualitária de criar os filhos em que era permitida mais autonomia à criança. O palco atual está pronto para mais uma transição: a transformação dos laços do filho com seus pais – assim como com outros membros da família – em um relacionamento no sentido contemporâneo desse termo.

Consideremos alguns dos conselhos de Forward para aqueles que desejam reelaborar os seus envolvimentos com pais tóxicos. Ainda que isso demande um longo período de terapia, a pessoa tem de tomar conhecimento de dois princípios fundamentais: "Você *não* é responsável por aquilo que lhe foi feito enquanto era uma criança indefesa!" e "Você *é* responsável por um posicionamento positivo em relação a isso!" Como esses princípios podiam ser alcançados? Antes de tudo recomenda-se que o indivíduo busque atingir certa independência emocional de seus pais. Ele deve aprender a "responder", mais que meramente a "reagir", de um modo automático ao comportamento paterno/materno – mesmo quando a interação se faz com as memórias de um dos pais ou de ambos, em vez de seres vivos. Como parte desse processo, a terapeuta aconselha que a pessoa comece dizendo "Não posso", "Não vou", em relação às exigências reais ou hipotéticas dos pais – como uma forma de estabelecer a sua autonomia. Subsequentemente, o objetivo é reavaliar os termos em que a interação pais-filhos está baseada, de forma que todas as partes possam, tanto quanto possível, tratar uma à outra como iguais. "Não posso", "Não vou" tornam-se, então, não apenas um instrumento de desbloqueio, mas um ponto de partida negociado em cujos termos o indivíduo é capaz de exercer a escolha. A "falta de escolha está diretamente relacionada ao envolvimento".[31]

Neste ponto podemos encontrar o fio da meada de todo este capítulo. A questão dos pais tóxicos permite uma introjeção clara nas conexões entre o projeto reflexivo do eu, o relacionamento puro e a emergência de novos programas éticos, para a reestruturação da vida pessoal. Declarar "independência emocional" dos pais é um meio de ao mesmo tempo começar a modificar a narrativa do eu e fazer uma defesa dos próprios direitos (assim como a orientação para uma aceitação racional das responsabilidades). O comportamento do indivíduo não é mais organizado em termos de uma reordenação compulsiva das rotinas da infância. Vemos aqui um paralelo direto com a superação dos vícios adquiridos na idade madura, em geral provenientes de hábitos estabelecidos em um estágio muito anterior.

Um passado com pais tóxicos impede o indivíduo de desenvolver uma narrativa do eu, compreendida como um "relato biográfico" em que ele se sente emocionalmente confortável. A falta de autoestima, que normalmente assume a forma de vergonha inconsciente ou não reconhecida, é uma consequência importante; mais básica ainda é a incapacidade do indivíduo de se aproximar de outros adultos como sendo emocionalmente iguais. O afastamento dos ambientes básicos com pais tóxicos é inseparável da determinação de alguns princípios éticos ou de

---

31. Forward, *Toxic Parents*, p. 211.

alguns direitos. Os indivíduos que buscam modificar o seu relacionamento com seus pais lançando um olhar retrospectivo para a experiência da infância estão na verdade reivindicando direitos. As crianças têm o direito não apenas de ser alimentadas, vestidas e protegidas, mas o direito de ser cuidadas emocionalmente, de ter os seus sentimentos respeitados e suas opiniões levadas em conta. Em resumo, as características do amor confluente adequadas aos relacionamentos adultos não são menos relevantes para as relações entre os adultos e as crianças.

Para as pessoas, quando *são* crianças, sobretudo crianças muito pequenas ainda incapazes de articular verbalmente as suas necessidades, as defesas dos direitos são contrafactuais. Elas têm de ser realizadas pelos adultos, com argumentos éticos. Esta observação ajuda a esclarecer a questão da autoridade. Como os laços pais-filhos aproximam-se cada vez mais do relacionamento puro, poderia parecer que a visão dos pais não tem primazia sobre as inclinações do filho – resultando em uma "permissividade" descontrolada. Mas isso absolutamente não tem nenhuma procedência. Uma liberalização da esfera pessoal não implica o desaparecimento da autoridade; pelo contrário, o poder coercivo dá lugar a relações de autoridade que podem ser defendidas de maneira que envolva princípios. Esta questão será mais extensamente discutida no último capítulo.

DISTÚRBIOS PESSOAIS, PROBLEMAS SEXUAIS

Tem sido observado que "em toda a volumosa literatura sobre sexo e sexualidade, há muito pouco sobre a sexualidade masculina em si... Ao que parece, esta é uma parte tão aceita da vida cotidiana que acaba ficando invisível".[1] Este poderia ser considerado um julgamento excêntrico, dada a preocupação de Freud, e de muitos que vieram depois dele, com a experiência sexual masculina. Entretanto, se considerada não em termos da própria atividade sexual, mas em relação aos sentimentos e conflitos despertados pelo sexo, a observação faz algum sentido.

A sexualidade masculina parecia sem problemas no contexto das circunstâncias sociais "separadas e desiguais" até bem pouco tempo prevalecentes. Sua natureza era ocultada por uma variedade de influências sociais que atualmente já foram ou estão sendo destruídas. Elas incluem: 1. o domínio dos homens na esfera pública; 2. o padrão duplo; 3. a associada divisão das mulheres em puras (casáveis) e impuras (prostitutas, meretrizes, concubinas, sedutoras); 4. a compreensão da diferença sexual proporcionada

---

1. Andy Metcalf, introdução de Andy Metcalf e Martin Humphries, *The Sexuality of Men*, London: Pluto, 1985, p. 1.

por Deus, pela natureza ou pela Biologia; 5. a transformação das mulheres em problemas, sendo obtusas ou irracionais em seus desejos e ações; 6. a divisão sexual do trabalho.

Quanto mais se dissolvem essas formas sociais preexistentes – embora todas ainda detenham certo poder –, mais devemos esperar que a sexualidade masculina se torne problemática e, quase sempre, compulsiva. Como já foi observado em um capítulo anterior, a compulsividade sexual masculina pode ser compreendida como uma representação obsessiva, mas frágil, dos procedimentos habituais que ficaram separados de seus antigos suportes. Ela constitui uma "odisseia" comparável àquela da própria modernidade, considerada pelo menos a partir do âmbito de suas instituições públicas – odisseia esta relacionada ao controle e ao afastamento emocional, mas que se desloca com potencial violência.

Sexualidade e teoria psicanalítica: comentários preliminares

A descoberta de Freud da sexualidade plástica – documentada em seus *Three Essays...* – foi uma realização extraordinária, mas não é coerente com a sua interpretação do desenvolvimento sexual masculino e, também, do feminino. Segundo a descrição de Freud, esse desenvolvimento pressupõe uma sequência "natural", em que as energias eróticas são dirigidas para objetos específicos no ambiente infantil. Se enfatizamos a sexualidade plástica e questionamos apenas por que as meninas deveriam ter inveja dos meninos, em vez de assumir a inveja baseada em uma determinada qualidade física, podemos começar a reconstruir as origens da "masculinidade" de um modo diferente daquele utilizado pelo próprio Freud.

A transição edípica, pedra angular da análise madura de Freud do desenvolvimento psicossocial, não aparece de uma maneira significativa nos *Three Essays*.... Quando essa obra foi escrita, a teoria do complexo de Édipo só havia sido incipientemente formulada. Assim sendo, embora Freud mais tarde tenha modificado os argumentos dos *Three Essays*... à luz de suas concepções subsequentes, as ideias de que a sexualidade não possui um objeto intrínseco e que a sexualidade masculina e a feminina são funcionalmente equivalentes cederam lugar à suposição da masculinidade e da sexualidade masculina como norma. Os meninos têm a vantagem de ter seus genitais visíveis e serem mais facilmente localizados como a fonte de estimulação erótica. O desenvolvimento sexual é uma questão ameaçadora, tanto para os meninos quanto para as meninas: sendo visível, o pênis é também vulnerável e a rivalidade do menino com seu pai é a base de uma mistura extremamente ansiosa de perda e aquisição de autonomia. Mas a menininha é um ser despojado em um sentido mais profundo, pois a sua inadequação visível é intrínseca a sua existência. Ela é despossuída desde o início, porque nasceu "castrada"; sua heterossexualidade só é atingida de modo secundário, quando percebe que jamais poderá possuir a mãe, porque não tem um pênis. Não há um caminho direto para a feminilidade.

Dada a importância desse conceito da inveja do pênis, os escritos de Freud parecem pouco prometedores como fonte de inspiração para os autores feministas. Na verdade, o encontro entre o feminismo e a psicanálise provou ser a fonte de contribuições importantes e originais para a teoria psicológica e social.[2] Entretanto, desenvolveu-se uma divisão importante entre a obra de autores influenciados por Jacques Lacan – Julia Kristeva, Luce Irigaray e outros – e pela perspectiva filosófica do pós-estruturalismo, e aqueles – como Nancy Chodorow, Dorothy Dinnerstein ou Carol Gilligan – mais sob a influência da escola das relações objetais. As diferenças entre esses pontos de vista são em certo

---

2. Para a melhor discussão recente, ver Teresa Brennan, *Between Feminism and Psychoanalysis*, London: Routledge, 1989.

sentido profundas, mas em outro podem ser exageradas. O fator menos importante é aquele que, aparentemente, parece o mais significativo: o impacto do pós-estruturalismo.

Espero que o leitor não familiarizado com as discussões sobre estas questões perdoe, nos próximos dois ou três parágrafos, um deslize para um vocabulário mais exigente do que aquele que procurei utilizar no restante do texto. Segundo o pensamento pós-estruturalista, nada possui uma essência; tudo é estruturado no jogo móvel dos significantes. Desviado pela discussão e pela utilização que as feministas fazem de Freud, esse ponto de vista fica expresso como uma crítica do "essencialismo". Se os significados forem sempre definidos negativamente, por aquilo que eles não são, então a "identidade sexual" ou mais geralmente a "autoidentidade", são termos mal empregados: implicam uma unidade espúria. Essa opinião encontra mais apoio na contenção lacaniana da "cisão": o sujeito só se expõe através do reconhecimento equivocado.

A crítica do "essencialismo", pelo menos na minha opinião, baseia-se em uma teoria deslocada da linguagem.[3] Certamente, o significado é definido pela diferença; não em um jogo infinito de significantes, mas em contextos pragmáticos de uso. Não há nenhuma razão para que, no âmbito da lógica, o reconhecimento da natureza da linguagem dependente do contexto dissolva a continuidade da identidade. O problema do "essencialismo" é uma tentativa de mudar de assunto, exceto como questão empírica de até que ponto a autoidentidade é frágil ou fragmentária e de até que ponto há qualidades genéricas que tendem a distinguir os homens das mulheres.

Mais consequente é a posição da tese lacaniana, apropriada por pelo menos alguns autores feministas, que sustenta que as mulheres estão especificamente excluídas do domínio do simbólico, da

---

3. Anthony Giddens, "Structuralism, post-structuralism and the production of culture", in Anthony Giddens e Jonathan Turner, *Social Theory Today*, Cambridge: Polity, 1987.

linguagem em si. Para Irigaray, por exemplo, sejam quais forem as suas outras críticas de Lacan, não há organização representativa para o feminino: a feminilidade é um "buraco" em um sentido duplo. Entretanto, essa posição é um artefato que Lacan extrai da conexão entre o simbólico e a "lei do pai", que, ao que parece, não há motivo para ser aceita. É mais plausível a sugestão de Chodorow, de que a "linguagem masculina", na medida em que ela existe, tende a ser mais instrumental e teórica que aquela das mulheres; mas, em alguns aspectos importantes, a "linguagem masculina" expressa tanto privação quanto dominação. Por isso, em minha discussão, aqui, vou utilizar mais a abordagem das relações objetais do que as de Lacan. Não obstante, não devemos deixar de lado parte da ênfase da teoria feminista lacaniana – particularmente a sua insistência no caráter fragmentário e contraditório da identidade sexual. Uma vez que a lente pós-estruturalista é posta de lado, não há motivo para que esta ênfase não possa ser mantida no contexto de uma perspectiva das relações objetais.

Desenvolvimento psicossocial e sexualidade masculina

Acompanhando Chodorow, pode-se afirmar que, nos primeiros anos de vida – particularmente e talvez *apenas* na sociedade contemporânea –, a influência da mãe supera aquela do pai e de outros guardiões.[4] A primeira experiência que a criança tem da mãe é virtualmente o oposto da imagem de um indivíduo castrado e impotente; em particular ao nível do inconsciente, o menininho e a menininha enxergam a mãe como todo-poderosa. Então, um sentido inicial de autoidentidade, juntamente com o potencial para a intimidade, é antes de tudo desenvolvido pela identificação com uma figura feminina universalmente importante. Para alcan-

---

4. Nancy Chodorow, *The Reproduction of Mothering*, Berkeley: University of California Press, 1978.

çar um senso consolidado de independência, todas as crianças devem em algum momento libertar-se da influência da mãe e, assim, desligar-se do seu amor. De onde se conclui que o desvio está muito mais no caminho para a masculinidade do que naquele para a feminilidade. As origens da autoidentidade masculina estão ligadas a uma profunda sensação de insegurança, uma sensação de perda que daí em diante assombra a memória inconsciente do indivíduo. A confiança básica, a verdadeira fonte da segurança ontológica, fica intrinsecamente comprometida, pois o menino é abandonado ao mundo dos homens pelas próprias pessoas que eram os principais adultos amados com quem ele poderia contar.

Partindo-se desse ponto de vista, para ambos os sexos, o falo, essa representação imaginária do pênis, deriva o seu significado da fantasia da dominação feminina.[5] Simboliza a separação, mas também a revolta e a liberdade. Na fase anterior à transição edípica, o poder fálico provém mais da separação das esferas de autoridade da mãe e do pai do que da simples superioridade masculina em si. O falo representa a liberdade da esmagadora dependência da mãe, assim como a capacidade de se afastar do seu amor e da sua atenção; é um símbolo-chave na busca inicial da criança por uma autoidentidade independente. Segundo Jessica Benjamin, a inveja do pênis, um fenômeno real, representa o desejo das crianças pequenas, meninos e meninas, de se identificarem com o pai como o principal representante do mundo exterior.[6] A fase edípica, quando chega, confirma a separação do menino de sua mãe, mas oferece em troca a recompensa de maior liberdade – ou melhor, da determinação, que não é exatamente a mesma coisa. A masculinidade é, portanto, energética e combativa, mas a energia do menino esconde uma perda fundamental.

Do ponto de vista institucional, quanto mais prossegue a transformação da intimidade, mais a transição edípica tende

---

5. Janine Chasseguet-Smirgel, "Freud and female sexuality", *International Journal of Psychoanalysis*, v. 57, 1976.
6. Jessica Benjamin, *The Bonds of Love*, London: Virago, 1990.

a ficar vinculada à "aproximação": capacidade dos pais e dos filhos de interagirem tendo como base uma compreensão dos direitos do outro e das emoções do outro. A questão do "pai ausente", levantada pela primeira vez pela Escola de Frankfurt e mais recentemente por grupos masculinos ativistas, pode ser vista aqui sob uma luz mais positiva que negativa. Uma figura menos especificamente disciplinadora, uma vez que grande parte da disciplina inicial é de qualquer modo assumida pela mãe, o pai (ou a figura paterna idealizada) tornou-se, segundo Hans Leowald, mais "generoso".[7] Encontramos aqui uma intrusão da vergonha no desenvolvimento do psiquismo masculino, embora, em comparação com as meninas, a culpa ainda ocupe um lugar de destaque. O que está em questão não é tanto a identificação com uma figura distintamente punitiva, mas um repúdio defensivo ao processo da educação.

O senso masculino de autoidentidade é, portanto, forjado em circunstâncias em que uma orientação para a autossuficiência está associada a uma desvantagem emocional potencialmente mutiladora. Tem de ser desenvolvida uma narrativa de autoidentidade que descreva em detalhes a dor da privação do amor materno inicial. Sem dúvida, os elementos de tudo isso são mais ou menos universais, mas o que é importante no presente contexto é o resultado peculiarmente tenso para a sexualidade masculina em uma situação em que o amor materno – se é que na verdade ele foi recebido – é, ao mesmo tempo, fundamental e renunciado. O pênis é o falo, certamente, mas hoje em dia em circunstâncias em que a manutenção do poder fálico torna-se cada vez mais centralizada no pênis, ou melhor, na sexualidade genital, como sua principal expressão.

Nas sociedades modernas, compreender desta forma a masculinidade ajuda a esclarecer as formas típicas da compulsividade sexual masculina. Muitos homens são levados, por meio de seu

---

7. Hans Leowald, "Waning of the Oedipus complex", in *Papers on Psychoanalysis*, New Haven: Yale University Press, 1983.

exame minucioso das mulheres, a buscar o que está faltando neles – e esta é uma carência que pode se manifestar na raiva explícita e na violência. Tornou-se lugar-comum na literatura terapêutica dizer que os homens tendem a ser "incapazes de expressar sentimentos" ou "não têm contato" com suas próprias emoções. Mas isso é demasiado simplista. Em vez disso, deveríamos dizer que muitos homens são incapazes de construir uma narrativa do eu que lhes permita chegar a um acordo com uma esfera da vida pessoal cada vez mais democratizada e reordenada.

Sexualidade masculina, compulsividade, pornografia

A natureza frágil da sexualidade masculina nas circunstâncias sociais modernas está bem documentada nos estudos de casos terapêuticos contemporâneos. Heather Formani observa que "seja o que for a masculinidade, ela é muito prejudicial aos homens", e o material de estudo de caso que ela discute apresenta uma justificativa ampla para essa observação.[8] Os homens tendem a ser sexualmente mais inquietos que as mulheres; isto porque eles separam a sua atividade sexual das outras atividades da vida, onde são capazes de encontrar um direcionamento estável e integral.[9]

O caráter compulsivo do movimento em direção à sexualidade episódica aumenta na medida em que as mulheres estabelecem, e rejeitam, a sua cumplicidade com a dependência emocional oculta dos homens. O amor romântico, como eu tentei mostrar, sempre implica um protesto em relação a essa cumplicidade, embora de certo modo ajude a mantê-la. Quanto mais as mulheres pressionam para uma ética do amor confluente, mais a dependência emocional masculina torna-se insustentável; mas para muitos homens o mais difícil pode ser lidar com a pobreza moral que isso implica. Até o

---

8. Heather Formani, *Men. The Darker Continent*, London: Mandarin, 1991, p. 13.
9. Cf. Michael Ross, *The Married Homosexual Man*, London: Routledge, 1983.

ponto em que o falo realmente se transforma no pênis, a sexualidade masculina está sujeita a ser dilacerada entre, por um lado, a dominância sexual agressiva, incluindo o uso da violência, e, por outro, constantes ansiedades em relação à potência (que provavelmente vêm à tona com mais frequência em relacionamentos de alguma duração, em que o desempenho sexual não pode ser isolado de vivências emocionais de diversos tipos).

A ansiedade masculina no que diz respeito à sexualidade foi muito encoberta enquanto as várias condições sociais que a protegiam, acima observadas, estavam no devido lugar. Se a capacidade e a necessidade das mulheres de expressar a sexualidade foram cuidadosamente mantidas ocultas até pleno século XX, o mesmo aconteceu com o concomitante trauma dos homens. A análise de Lesley Hall das cartas escritas por homens a Marie Stopes ilustra esta veia de inquietude e desespero sexual – que está tão distante da imagem do devasso displicente ou da sexualidade impetuosa e desenfreada quanto se pode imaginar.[10] Impotência, poluções noturnas, ejaculação precoce, preocupações com o tamanho e o desempenho do pênis – estas e outras ansiedades aparecem repetidamente nas cartas. Muitos homens que contataram Stopes tiveram o cuidado de destacar que não eram fracos, mas "um homem grande e forte", "acima da média em termos de condição física", "bem-constituído, atlético, fisicamente muito forte" e assim por diante.

A ansiedade baseada na falta de conhecimento sobre sexo é um tema persistente, assim como os sentimentos crônicos de inferioridade e de perturbação pessoal. A incapacidade de gerar resposta sexual no parceiro é uma queixa comum, mas também é comum a falta de prazer por parte do homem. Como expressou um indivíduo: "Nenhum de nós jamais sente aquela satisfação no abraço mais íntimo, que o instinto e a razão me dizem que deveria ocorrer".[11] A maior parte das preocupações dos corres-

---

10. Lesley A. Hall, *Hidden Anxieties. Male Sexuality, 1900-1950*, Cambridge: Polity, 1991.
11. Ibid., p. 121.

pondentes de Stopes estavam centralizadas no fracasso sexual ou em inquietações sobre a normalidade; os fracassos da "virilidade" eram antes vivenciados como ameaças a um relacionamento valorizado do que como problemas expressados teoricamente. Embora eu não tenha a pretensão de discutir pormenorizadamente essas questões, a análise precedente ajuda a dar sentido a algumas características da pornografia em massa e a importantes aspectos da violência sexual masculina. A pornografia podia ser encarada como a transformação do sexo em mercadoria, mas esta seria uma visão muito parcial. A atual explosão de material pornográfico, grande parte dele dirigido principalmente aos homens, e em sua maioria exclusivamente consumido por eles, assemelha-se muito na forma à prevalente concentração no sexo de baixa emoção e alta intensidade. A pornografia heterossexual exibe uma preocupação obsessiva com cenas e posições padronizadas em que a cumplicidade das mulheres, substancialmente dissolvida no mundo social atual, é reiterada de modo explícito.[12] As imagens das mulheres em revistas pornográficas leves – generalizadas por sua inserção em propagandas ortodoxas, histórias não sexuais e outros itens – são objetos de desejo, mas nunca de amor. Elas excitam e estimulam e, é claro, são quintessencialmente episódicas.

A cumplicidade feminina está retratada na maneira estilizada com que as mulheres são usualmente representadas. A "respeitabilidade" da pornografia leve é uma parte importante desse apelo, subentendendo que as mulheres são os objetos, mas não os sujeitos, do desejo sexual. No conteúdo visual das revistas pornográficas, a sexualidade feminina é neutralizada e a ameaça da intimidade, dissolvida. O olhar das mulheres está normalmente dirigido ao leitor: esta é na verdade uma das convenções mais estritas observadas na apresentação da imagem. O homem que se fixa neste olhar deve por definição dominá-lo; aqui, o pênis mais uma vez se transforma em falo, no poder imperial que os homens são capazes de exercer sobre as mulheres. Algumas revis-

---

12. Andy Moye, "Pornography", in Metcalf e Humphries, *The Sexuality of Men*.

tas pornográficas mantêm colunas em que os problemas sexuais dos leitores são discutidos e respondidos. Mas a grande maioria das cartas enviadas a esses periódicos são totalmente diferentes daquelas coletadas por Stopes. Ao contrário das cartas orientadas para os problemas, elas estão preocupadas em documentar proezas; mais uma vez, relatam episódios sexuais discretos.

Nesses episódios, um motivo é constante. É o prazer sexual; não de fato o masculino, mas o feminino, e em geral apresentado de um modo muito peculiar. São histórias de mulheres em êxtase na sua sexualidade, mas sempre sob o domínio do falo. As mulheres choramingam, arquejam e tremem, mas os homens ficam silenciosos, orquestrando os acontecimentos. Seja o que for que a própria experiência masculina ofereça, as expressões de prazer feminino são detalhadas com uma atenção excessiva. O arrebatamento da mulher jamais é posto em dúvida; mas o ponto principal das histórias não é compreender ou empatizar com as fontes e a natureza do prazer sexual feminino, mas submetê-lo e isolá-lo.[13] Os acontecimentos são descritos pelas reações das mulheres, mas de modo a tornar o desejo feminino tão episódico quanto o masculino. Por isso, os homens procuram saber o que as mulheres querem, e como enfrentar o desejo feminino, mas em seus próprios termos.

A pornografia torna-se facilmente viciosa devido ao seu caráter substitutivo. A cumplicidade das mulheres é garantida, mas a representação pornográfica não pode "pôr em xeque" os elementos contraditórios da sexualidade masculina. O prazer sexual que as mulheres demonstram vem com uma etiqueta de preço anexada – para que a criatura que pode demonstrar tal delírio possa também ser vista impondo exigências que têm de ser cumpridas. O fracasso não é abertamente exibido, mas se esconde como a subentendida presunção do desejo: raiva, culpa e medo das mulheres são inequivocamente misturados com a devoção que essas histórias também revelam. Os efeitos normalizadores

---

13. Ibid., p. 68-9.

da pornografia leve provavelmente explicam mais o seu apelo de massa do que o fato de o material pornográfico mais explícito não estar tão prontamente disponível comercialmente. A pornografia pesada, pelo menos em algumas de suas muitas versões, poderia ser mais ameaçadora, ainda que a sua explicitação possa parecer alimentar mais plenamente a "busca" masculina. Neste momento, o poder já não está mais limitado pelo "consentimento do dominado" – o olhar cúmplice da mulher –, mas aparece muito mais aberto, direto e violentamente imposto. Para alguns, é claro, é precisamente esta a sua atração. Mas a pornografia pesada também opera no limite externo da sexualidade fálica, revelando as ameaçadoras liberdades da sexualidade plástica que estão do outro lado.

Violência sexual masculina

A força e a violência fazem parte de todos os tipos de dominação. No domínio ortodoxo da política, surge a questão de até que ponto o poder é hegemônico, de tal forma que só se recorre à violência quando a ordem legítima entra em colapso, ou, alternativamente, até que ponto a violência expressa a verdadeira natureza do poder do Estado. Um debate similar surge de repente na literatura preocupada com a pornografia e com a violência sexual. Alguns têm argumentado que o incremento da pornografia pesada, particularmente onde a violência está diretamente exposta, representa a verdade interior da sexualidade masculina como um todo.[14] Também sugere-se que a violência contra as mulheres, especialmente o estupro, é o principal esteio do controle dos homens sobre elas.[15] O estupro mostra a realidade da regra do falo.

---

14. Andrea Dworkin, *Pornography: Men Possessing Women*, London: Women's Press, 1981.
15. Susan Griffin, "Rape, the all-American crime", *Ramparts*, v. 10, 1973; Susan Brownmiller: *Against Our Will*, London: Penguin, 1977.

Parece claro que há uma continuidade, não uma interrupção nítida, entre a violência masculina em relação às mulheres e outras formas de intimidação e perseguição. O estupro, o espancamento e até o assassinato de mulheres frequentemente contêm os mesmos elementos básicos que os encontros heterossexuais não violentos, quais sejam, a dominação e a conquista do objeto sexual.[16] Sendo assim, será que a pornografia é a teoria e o estupro a prática, como alguns têm declarado? Na resposta a esta pergunta, é importante determinar se a violência sexual faz parte da muito antiga opressão masculina sobre as mulheres ou se está relacionada às mudanças discutidas neste livro.

Como indica a discussão precedente da sexualidade masculina, o impulso para subordinar e humilhar as mulheres provavelmente é um aspecto genérico da psicologia masculina. Mas é passível de argumentação (embora certamente tal visão seja polêmica) que o controle das mulheres nas culturas pré-modernas não depende primariamente da prática da violência contra elas. Ele foi garantido acima de tudo pelos "direitos de propriedade" sobre as mulheres que os homens em particular detinham, associados ao princípio das esferas separadas. As mulheres eram frequentemente expostas à violência masculina, em particular no ambiente doméstico; entretanto, era igualmente importante que elas fossem protegidas das arenas públicas, onde os homens submetiam-se uns aos outros à violência. Foi por isso que, no desenvolvimento pré-moderno da Europa, o estupro floresceu "sobretudo às margens; nas fronteiras, nas colônias, nos Estados em guerra e nos estados da natureza; entre os exércitos saqueadores e invasores".[17]

A lista é enorme, e por si só bastante aterrorizante. Mas a violência nessas circunstâncias raramente era dirigida em especial às mulheres; nestas "margens", a violência em geral era

---

16. Liz Kelly, *Surviving Sexual Violence*, Cambridge: Polity, 1988.
17. Roy Porter, "Does rape have an historical meaning?", in Sylvana Tomaselli e Roy Porter: *Rape*, Oxford: Blackwell, 1986, p. 235.

pronunciada e o estupro era uma atividade entre outras formas de brutalidade e morticínio, envolvendo primariamente os homens, como destruidores e como destruídos. Característico de tais situações marginais era o fato de as mulheres não estarem tão isoladas dos domínios masculinos, como em geral acontecia; e os homens não podiam garantir a sua segurança.

Nas sociedades modernas, as coisas são muito diferentes. As mulheres vivem e trabalham em ambientes públicos anônimos com muito mais frequência do que antes, e as divisões "isoladas e desiguais" que separavam os sexos foram substancialmente desfeitas. Faz mais sentido hoje em dia do que no passado a suposição de que a violência sexual masculina tornou-se a base do controle sexual. Em outras palavras, atualmente, grande parte da violência sexual masculina provém mais da insegurança e dos desajustamentos do que de uma continuação ininterrupta do domínio patriarcal. A violência é uma reação destrutiva ao declínio da cumplicidade feminina.

Exceto em situações de guerra, hoje em dia os homens talvez sejam mais violentos com relação às mulheres do que o são entre si. Há muitos tipos de violência sexual masculina contra as mulheres, mas pelo menos alguns têm a consequência anteriormente observada: eles mantêm a sexualidade episódica. Este poderia ser o traço principal – embora certamente não o único – que liga tal violência à pornografia. Se for este o caso, pode-se concluir que a literatura pornográfica, ou boa porção dela, é parte do sistema hegemônico de dominação, com a violência sexual atuando mais como apoio secundário do que como um exemplo do poder fálico.

Evidentemente, seria absurdo afirmar que há uma norma unitária de masculinidade, e seria falso supor que todos os homens estão relutantes em incorporar a mudança. Além disso, a violência sexual não está confinada às atividades dos homens. As mulheres são, com muita frequência, fisicamente violentas em relação aos homens nos ambientes domésticos; a violência não parece ser uma característica rara dos relacionamentos lésbicos, pelo menos em alguns contextos. Estudos de violência sexual feminina nos Estados Unidos descrevem casos de estupro, espancamento físico e ataques com revólveres, facas e outras armas letais em relacionamentos lésbicos.[18] A maior parte dos homens que escrevia para Marie Stopes estava preocupada em resolver seus problemas sexuais para aumentar a satisfação de suas parceiras mulheres. Muitos homens que regularmente visitam prostitutas desejam assumir um papel passivo, não ativo, quer isso envolva ou não práticas masoquistas reais. Alguns homens *gays* encontram seu maior prazer sendo submissos, mas muitos são também capazes de trocar os papéis. Têm sido mais bem-sucedidos que os heterossexuais no isolamento do poder diferencial e em sua confinação à área da sexualidade em si. Como se expressou um homem *gay*: "Há fantasias que nos capturam e fantasias que nos libertam... As fantasias sexuais, quando conscientemente empregadas, podem criar uma contraordem, uma espécie de subversão, e um pequeno espaço pelo qual podemos escapar, especialmente quando misturam todas aquelas distinções nítidas e opressivas entre ativo e passivo, masculino e feminino, dominante e submisso".[19]

Sexualidade feminina: o problema da complementaridade

Se aceitássemos o princípio de que cada sexo é o que o outro não é, haveria um entrelaçamento simples entre a sexualidade masculina e a feminina. As coisas não são tão nítidas, porque todas as crianças compartilham similaridades na evolução psicossocial, particularmente na primeira fase de suas vidas. Sejam quais forem as limitações de suas ideias quando consideradas da perspectiva atual, Freud foi o primeiro a tornar isso claro. Poucas meninas têm uma história erótica similar à dos meninos – embora para

---
18. Karay Lobel, *Naming the Violence*, Seattle: Seal, 1986.
19. Citado em Lynne Segal, *Slow Motion*, London: Virago, 1990, p. 262.

Freud a razão seja que a sua sexualidade inicial, em suas próprias palavras, "tem um caráter totalmente masculino".[20] A diferença se apresenta quando ambos os sexos percebem que falta alguma coisa na menininha: ambos acham que ela foi castrada.

Na opinião de Freud, psicologicamente falando, há apenas um órgão genital, aquele do homem. Embora os genitais da menina sejam de início uma questão indiferente para o menino – a menos que a ameaça da castração seja fantasiada –, ela rapidamente percebe que o que lhe falta é um pênis, e deseja ter um. Mesmo no estágio do complexo de Édipo, a experiência da menina não é diretamente complementar àquela do menino. Como disse Freud, "Somente nas crianças do sexo masculino ocorre uma conjunção simultânea fatídica de amor por um dos pais e de ódio pelo outro, como um rival".[21] A menina se afasta da mãe e a responsabiliza por ela não ter um pênis, embora não possa do mesmo modo se identificar com o pai ou deslocar a agressão em sua direção.

Em sua "reversão" de Freud, Chodorow e outros autores que escrevem a partir de um ponto de vista similar introduzem uma maior complementaridade do que aquela presumida no relato freudiano original. Segundo eles, a menina preserva aquelas características de desenvolvimento psicossocial a que o menino renunciou; o menino desenvolve traços, uma atitude instrumental em relação ao mundo, e assim por diante, que a menina não possui, ou que estão apenas debilmente elaborados. Desde o início, a relação da mãe com um filho é diferente daquela que ela estabelece com uma filha. Ela o trata mais como um ser distinto do que à menina, que é amada de uma maneira mais "narcisista".[22] Cada sexo ganha e cada sexo perde, mas os meninos perdem mais. As meninas têm um senso mais forte de identidade de gênero, mas um senso mais fraco de sua autonomia e de sua individualidade;

---

20. Sigmund Freud, *Three Essays on the Theory of Sexuality*, Standard Edition, London: Hogarth, 1953.
21. Ibid.
22. George Stambolian, *Male Fantasies/Gay Realities*, New York: Sea Horse, 1984, p. 159-60.

os meninos são mais capazes de ação independente, embora o preço emocional a ser pago por esta capacidade seja alto. Seguindo os temas anteriormente introduzidos, quero modificar e expor esta interpretação, além de tentar mostrar por que deve ser evitada uma ênfase indevida na complementaridade. A invenção da maternidade cria uma situação em que, tanto aos olhos da menininha quanto do menininho, a mãe é percebida como mais todo-poderosa, e também mais bem-amada, do que acontecia nas gerações anteriores. Entretanto, aquele poder e aquele amor estavam também associados a um maior respeito pela autonomia da criança, mesmo muito precocemente na vida, do que era típico no passado (embora haja muitos momentos empíricos em que tal respeito é bastante negado).

O rompimento com a mãe, por parte do menino, tem a consequência de sua dependência das mulheres ser mascarada e, em um nível inconsciente e frequentemente também em um nível consciente, negada; é difícil, mais tarde na vida, integrar a sexualidade em uma narrativa reflexiva do eu. O que os homens tendem a reprimir, a repetir, não é a capacidade de amar, mas a autonomia emocional, importante para a manutenção da intimidade. As meninas têm uma oportunidade maior de alcançar essa autonomia, que depende mais da comunicação do que da propensão em si para expressar emoções. O recurso comunicativo desse tipo deveria ser encarado como uma questão de competência, do mesmo modo que o da "competência instrumental", que os homens são inclinados a desenvolver.

A confiança dos homens nas mulheres para a realização do processo da intimidade está expressa, não apenas no domínio da sexualidade, mas também na amizade. Há organizações, como clubes ou times esportivos, que, devido ao seu caráter totalmente masculino, proporcionam situações em que a fraternidade masculina pode ser desenvolvida e consolidada. Mas a fraternidade – laços que provêm da experiência masculina compartilhada e exclusiva – não é a mesma coisa que a amizade, considerada do ponto de vista das características do relacionamento puro. Um estudo em profundidade de 200 homens e mulheres nos Estados

Unidos mostrou que dos homens entrevistados não conseguiram citar um amigo íntimo. Entre aqueles que puderam, o amigo era mais provavelmente uma mulher. Das mulheres pesquisadas, puderam facilmente citar um ou mais amigos íntimos, e para elas era virtualmente sempre uma mulher. Tanto as mulheres casadas quanto as solteiras citaram outras mulheres como sendo suas melhores amigas.[23]

Para as meninas e os meninos é um choque reconhecer o poder do falo – pois a própria competência que eles desenvolveram é ameaçada, se não completamente transtornada, por esta descoberta. No caso do menino, no âmbito da sexualidade o falo se transforma em um significante com uma capacidade ambivalente para dominar as mulheres. Entretanto, quanto mais o falo se transforma em pênis, mais ele tem de ser "testado" em encontros episódicos que combinam risco e prazer. Mais que de complementaridade, a situação aqui é de deslocamento mútuo e envolve elementos contraditórios, tanto no caso das meninas quanto no dos meninos. A frustração do desejo da menina de ser como seu pai é aguda, embora ela necessariamente não compartimentalize a personalidade à maneira característica dos meninos. Pode ser observado por que o desespero diante dos homens, alternando-se com uma idealização deles, poder-se-ia tornar tão confuso na cabeça da menina. O pai simboliza a separação e a "ação" do mundo; mas ele também é inatingível. A capacidade de amar da menina fica misturada com um desejo irresistível de ser amada e protegida.

Segundo o estereótipo, será que existe algum sentido em que a submissão seja uma característica peculiar do desenvolvimento psicossexual feminino? Não creio que exista. Tanto para os meninos quanto para as meninas os impulsos para a submissão e o domínio tornam-se interligados, e o desejo de ser dominado é um resíduo poderoso da consciência reprimida da influência inicial da

---

23. Lillian Rubin, *Intimate Strangers*, New York: Harper and Row, 1983. Ver também Stuart Miller, *Men and Friendship*, London: Gateway, 1983.

mãe. Ambos os sexos desenvolvem a capacidade para a proteção, embora esta, caracteristicamente, assuma formas divergentes. A menos que um menino se torne, do ponto de vista psicológico, completamente alienado de sua mãe durante ou após a primeira infância, ele mantém a capacidade e o desejo de cuidar do outro; mas tal cuidado em geral assume um caráter "instrumental". A educação, no sentido do apoio emocional, corresponde muito mais às capacidades desenvolvidas pela menininha. Entretanto, mesmo aqui, seria um erro supor que as capacidades de um sexo apenas complementam aquelas do outro, pois ambos desenvolvem-se de uma maneira contraditória.

O "pai ausente", aquele pai que tem apenas uma existência obscura durante o primeiro período da educação do filho, tem um significado particular para a menininha. Ele pode ser idealizado devido ao seu distanciamento, mas do mesmo modo também parece perigoso – este ar de ameaça frequentemente torna-se parte de sua real atração. Estando menos que a mãe no centro da vida do filho, ele também é menos suscetível às suas habilidades de comunicação. Deve ser "convertido", conquistado, mas ainda está distante e, como parece ao nível do inconsciente, inatingível. Suas qualidades de distanciamento devem ser mantidas sob controle para que a autonomia seja alcançada; o paradoxo é que se fosse para ele ser completamente conquistado, a menininha saberia que algo estava errado; ele obtém o seu respeito não por ser o possessor sexual da mãe, mas devido à real manutenção do seu "isolamento".

A raiva, assim como o desejo do amor, alimenta a sexualidade episódica do homem; muito frequentemente, ela é a base do masoquismo e do desejo de submeter-se, uma síndrome relacionada com a vergonha. A raiva e a vergonha, no entanto, também são características da educação das mulheres. A menininha ama sua mãe, mas também ressente-se dela; distanciando-se dela através da identificação com o pai, transfere o seu ressentimento para ele. Por mais idealizado que ele possa ser, não pode compensar pelo que ela tem de sacrificar buscando conquistá-lo. Comparado à proximidade da mãe desfrutada pela criança, o seu real distanciamento aumenta ainda mais essa ambivalência. Não se pode confiar nos homens; eles sempre vão desiludi-la.

Para compreender melhor a relação entre a vergonha e o desenvolvimento psicossexual, devemos voltar à interpretação de Freud da feminilidade, onde ela está intimamente vinculada ao narcisismo. Segundo Freud, as mulheres fazem um investimento narcisista em seus corpos, o que não é próprio dos homens, e que é resultado da reação da menina ao fato da sua "castração". A menininha abandona a masturbação e o interesse no clitóris, que é tão manifestamente inadequado. Seu erotismo torna-se difuso, em vez de concentrado em um órgão fundamental que proporciona prazer. Ela só se enxerga no reflexo do desejo masculino. Por isso, nas palavras de Freud, a necessidade da mulher não "está orientada para amar", mas mais para "ser amada"; "o homem que preenche esta condição é aquele que ganha as suas boas graças".[24] As mulheres não necessitam apenas ser admiradas, mas que lhes seja dito que elas são apreciadas e valorizadas. Privadas da confirmação narcisista no início de suas vidas, depois disso as mulheres só encontram segurança no espelho do amor proporcionado pelo outro adorado. Desnecessário dizer que os homens são tão mal-equipados para preencher essa exigência quanto para responder ao erotismo feminino. Daí a queixa perene das mulheres, de que seus parceiros homens são desajeitados, não têm uma real compreensão do que lhes causa satisfação, e assim por diante.[25]

Em parte, as conclusões de Freud certamente estão corretas, mas não os argumentos que ele empregou para alcançá-las. Duas questões distintas são suscitadas por esses argumentos: por um lado, a sexualidade feminina e a erotização do corpo; e, por outro, o desejo da reafirmação de ser amada. Na verdade, podemos supor que ambos os sexos, uma vez estabelecido o rompimento com a mãe, necessitam da reafirmação de que ainda são amados. Entretanto, a

---

24. Sigmund Freud, "On narcissism", *Standard Edition*, v. 14, p. 89.
25. Janine Chasseguet-Smirgel, *Female Sexuality*, Ann Arbor: University of Michigan Press, 1970, p. 76-83.

necessidade de amor do menino, ao contrário da opinião de Freud, é maior e mais urgente que aquela da menina, em grande parte porque essa necessidade tende a ser mais profundamente enterrada. A reafirmação do menino vem da regra do falo (o estabelecimento da posição social e do poder) e, na área do comportamento sexual em si, da sexualidade episódica. Essa sexualidade nega a verdadeira dependência emocional que a abastece.

A interpretação de Freud da sexualidade feminina causou uma impressão duradoura sobre a literatura psicanalítica posterior. A sexualidade das mulheres era considerada essencialmente passiva, opinião esta que reforçou os atuais estereótipos. À luz das mudanças em curso no comportamento sexual, tornou-se claro que, até o ponto em que tal descrição correspondesse à realidade, ela era mais o resultado das restrições sociais impostas sobre as mulheres do que das características psicossexuais permanentes. É claro que a imagem da mulher sexualmente voraz há muito existe juntamente com aquela da passividade feminina; o relato de Freud enfatizou um quadro à custa do outro.

O erotismo difuso a que Freud se referiu deve ser adequadamente encarado, mais como potencialmente subversivo do que como uma reação negativa a uma situação de "perda". O clitóris não é o equivalente funcional do pênis, nem o prazer sexual é definido por um fracasso do homem em se igualar à tendência padrão. Presume-se que ambos os sexos, enquanto crianças pequenas, mantêm a capacidade de erotizar o corpo. Como parte da transição edípica, o menino tende a abandoná-la em favor de um regime mais focalizado na genitália. As meninas, por outro lado, são mais capazes de mantê-la, e por isso também mais capazes de integrar sensações especificamente genitais com outras experiências e ligações – na verdade, são propensas a considerar não compensadora a atividade sexual desprovida dessas relações mais amplas.[26]

---

26. Shere Hite, *Women and Love*, London: Viking, 1988.

Gênero, intimidade e proteção

Façamos um resumo das implicações da discussão precedente. Embora seja possível, como acreditava Freud, e mesmo muito provável, que haja características da psicologia sexual que são mais ou menos universais, não coloco essa questão como fundamental. Uma característica distintiva da socialização no período recente, própria de muitas camadas nas sociedades modernas, tem sido o papel proeminente da mãe no cuidado inicial do filho. As relações mãe-bebê são influenciadas pela "invenção da maternidade" e também refletem outras mudanças que distinguem as instituições modernas das pré-modernas. O domínio da mãe tem consequências psicológicas profundas para ambos os sexos e atualmente está na origem de alguns dos aspectos mais importantes da diferença entre os gêneros.

Os homens têm problemas com a intimidade: esta afirmação nós ouvimos repetidamente na literatura terapêutica e em toda parte. Mas o que ela significa? Se é válida a análise por mim sugerida, não podemos simplesmente dizer que as mulheres tendem a ser mais capazes de desenvolver afinidade emocional com os outros do que o são a maior parte dos homens. Nem também, repetindo uma banalidade, podemos aceitar que as mulheres estão em contato com os seus sentimentos de um modo que os homens geralmente não estão. A intimidade é acima de tudo uma questão de comunicação emocional, com os outros e consigo mesmo, em um contexto de igualdade interpessoal. As mulheres prepararam o caminho para uma expansão do domínio da intimidade em seu papel como as revolucionárias emocionais da modernidade. Algumas disposições psicológicas têm sido a condição e o resultado desse processo, assim como também as mudanças materiais que permitiram às mulheres reivindicar a igualdade. Em termos psicológicos, as dificuldades do homem em relação à intimidade são acima de tudo o resultado de duas coisas: uma visão cismática das mulheres, que pode remontar a uma reverência inconsciente pela mãe, e uma narrativa emocional prescrita do eu. Por isso, nas circunstâncias sociais em que as mulheres não são mais cúmplices do papel do falo, os elementos traumáticos do machismo ficam mais claramente expostos.

No caso individual, todos os mecanismos psicodinâmicos são complexos e não há uma complementaridade direta entre a psicologia masculina e a feminina. Assim, uma generalização sobre "os homens" ou "as mulheres" como um todo, mesmo pondo-se de lado a diversidade das culturas pré-modernas ou não modernas, tem de ser qualificada. Como em outras partes deste livro, quando falei de "mulheres" ou de "homens" sem qualificar, há sempre um parêntese implícito que acrescenta "em muitas ocasiões". A sexualidade episódica, por exemplo, como já foi salientado, não está confinada aos homens; é um mecanismo de poder e seus atributos defensivos têm alguma utilidade também para as mulheres. A ideia de que "os homens não conseguem amar" é completamente falsa, e não deve – mais uma vez por razões já mencionadas – ser diretamente comparada às dificuldades dos homens em relação à intimidade. Muito da sexualidade masculina é energizado por uma busca frustrada do amor, o que, no entanto, é tão temido quanto desejado. Muitos homens não são capazes de amar outros como iguais, em circunstâncias de intimidade, mas são muito capazes de oferecer amor e proteção àqueles que lhes são inferiores em poder (mulheres, crianças) ou com quem eles compartilham um contato não regular (colegas, membros de uma fraternidade).

As dificuldades em relação à intimidade também não estão confinadas aos homens. A relação das mulheres com o poder do homem é ambivalente. A demanda por igualdade pode colidir psicologicamente com a busca por uma figura masculina emocionalmente remota e autoritária. Por isso, o desenvolvimento do respeito baseado nas capacidades iguais e independentes do outro cria problemas para ambos os sexos, algo que, sem dúvida, também se infiltra nas relações homossexuais. Além disso, a comunicação dos sentimentos não está ausente e é por si só suficiente para a intimidade. Na medida em que essa comunicação está ligada ao narcisismo, ela é mais um convite ao poder do que uma base para o desenvolvimento do amor confluente.

A masculinidade como perda: será este tema consistente com a realidade da persistência da dominação patriarcal? A divisão sexual do trabalho permanece substancialmente intacta; em casa e no trabalho, na maioria dos contextos das sociedades modernas, os homens em sua maioria não desejam soltar as rédeas do poder. O poder está subordinado aos interesses e obviamente há considerações absolutamente materiais que ajudam a explicar por que isso ocorre deste modo. Entretanto, na medida em que o poder do homem está baseado na cumplicidade das mulheres, e nos préstimos econômicos e emocionais que as mulheres proporcionam, ele está ameaçado.

CONTRADIÇÕES DO RELACIONAMENTO PURO

Os traços psicológicos discutidos no capítulo anterior, em especial na medida em que estão essencial ou parcialmente localizados no inconsciente, provocaram tensões fundamentais no mundo emergente dos relacionamentos puros. Para determiná-los, vou me concentrar em aspectos do relacionamento puro em encontros do mesmo sexo – especificamente naqueles das mulheres lésbicas. Seguindo uma interpretação das características psíquicas da sexualidade masculina e feminina, a estratégia poderia parecer estranha, mas, para se verificar até que ponto as divisões psicológicas que tendem a separar homens e mulheres poderiam se comprovar destrutivas do relacionamento puro, vale a pena considerar suas dinâmicas intrínsecas – e de algum modo essas dinâmicas são estudadas com mais facilidade quando o elemento heterossexual é retirado.

Sem me preocupar muito com a representatividade do material, vou me valer de algumas partes daqueles documentos maravilhosamente reflexivos – os relatórios Hite. As pesquisas de Hite têm como objetivo "registrar uma revolução ideológica em andamento", mas também transmitem a consciência de que os documentos analisados contribuem diretamente para esse processo. O primeiro longo "questionário" foi distribuído em 1972-6, e seu subsequente e primeiro volume baseou-se nas respostas de 3.500 mulheres nos Estados Unidos. Uma característica notável desse estudo e dos volumes que se seguiram foi a sua ênfase em que a sexualidade não deve ser estudada apenas através dos devaneios de "especialistas" – Kinsey, Masters e Johnson e outros –, mas abordada através dos relatos feitos por pessoas comuns. O propósito do projeto, nas palavras de Hite, era "deixar as *mulheres* definirem a sua própria sexualidade", permitir que elas "expressassem como se sentem em relação ao sexo, como definem a sua própria sexualidade e o que a sexualidade significa para elas".

Hite descobriu que 11% das mulheres do seu estudo (v. 3) só tinham relacionamentos sexuais com outras mulheres; e mais 7% os tiveram ocasionalmente. Não pode ser atribuída significância estatística particular a esses dados, mas vale a pena observar que uma proporção substancial de suas entrevistadas acima dos 40 anos de idade estavam envolvidas em relacionamentos sexuais com mulheres pela primeira vez em suas vidas. Virtualmente todas elas haviam saído de casamentos heterossexuais. Na ocasião do estudo, mais de 80% das mulheres lésbicas estavam em relacionamentos que já duravam algum tempo.

A maior parte das mulheres lésbicas pode ter relacionamentos prolongados, mas consideram difícil experimentar neles uma sensação de segurança. Uma das mulheres comenta:

> Um relacionamento não convencional, sem regras, é difícil. Em um casamento, no sentido tradicional, se ainda que por acaso os papéis que as pessoas aprenderam a desempenhar vierem a servir aos dois indivíduos, então ocorre um bom arranjo... Mas para a maioria de nós que estamos em relacionamentos gays... não há quaisquer regras, de modo que é conveniente a gente se arranjar sozinha à medida que o tempo passa. É esta coisa constante de se tentar avaliar como funciona.

Mas desde que o casamento "no sentido tradicional" está desaparecendo, os *gays* são os pioneiros nesse aspecto – os primeiros experimentadores do cotidiano. Já faz algum tempo que eles vêm vivenciando o que está cada dia se tornando mais comum para os casais heterossexuais.

O relacionamento puro: rompendo e iniciando

Em épocas anteriores, os encontros sexuais passados eram em geral "apagados" por ambos os parceiros, sendo considerados de pouca importância para o futuro. As mulheres em geral se casavam com a sua "virtude" intacta, enquanto as aventuras dos homens eram consignadas à categoria de uma sexualidade episódica aceitável. Hoje em dia, no entanto, um relacionamento tem de ser posto à parte do que ocorreu antes e também dos outros envolvimentos, sexuais ou de outro tipo, que os indivíduos teriam tido. Uma pessoa com quem um parceiro compartilhou um relacionamento prévio podia viver nas mentes de um ou de ambos; mesmo que os laços emocionais anteriores tenham sido completamente rompidos, há a probabilidade de um relacionamento presente ser permeado por seus resíduos. Se for reconhecido que todas as ligações pessoais adultas recordam aspectos da experiência infantil, assim também ocorre com as experiências de perda; e no domínio dos relacionamentos puros, os indivíduos muitas vezes devem enfrentar, no presente, múltiplas passagens desse tipo.

O rompimento é uma prova difícil para as mulheres *gays*, devido à situação negociada de seus relacionamentos e ao caráter particularmente "aberto" da autoidentidade homossexual. "Quando rompemos, eu fiquei realmente confusa. Perguntava a mim mesma se eu era na verdade lésbica ou se ela era a única mulher que eu podia amar." Esta é uma mulher descrevendo a dissolução de seu primeiro relacionamento sexual com outra mulher. Ela acrescenta, "para muitas de minhas amigas lésbicas aconteceu o mesmo; o primeiro rompimento foi devastador porque provocou um novo questionamento de tudo". Ela também sofreu ao término de outros relacionamentos que duraram vários anos ou mais. Uma pessoa fala por muitas, quando diz:

> Às vezes eu me sentia cansada de passar a vida negociando relacionamentos e os elaborando. Do mesmo modo, será que algum dia vou chegar a uma espécie de situação tranquila em que finalmente consiga

resultados para os meus esforços? Uma vez percorrida a última etapa, ainda podem nos deixar por uma mulher mais jovem, ou mais inteligente, ou mais velha, ou seja que mulher for – ou até por um homem!

Muitas das entrevistadas de Hite reconhecem uma contradição estrutural no relacionamento puro, centralizada no compromisso. Para criar um compromisso e desenvolver uma história compartilhada, uma pessoa deve se dar à outra. Ou seja, deve proporcionar, por palavras e atos, algum tipo de garantia à outra de que o relacionamento pode ser mantido por um período indefinido. Mas um relacionamento nos dias de hoje não é, como foi um dia o casamento, uma "condição natural" cuja durabilidade pode ser assumida como certa, exceto em algumas circunstâncias extremas. Uma característica do relacionamento puro é que ele pode ser terminado, mais ou menos à vontade, por qualquer dos parceiros em qualquer momento particular. Para que um relacionamento tenha a probabilidade de durar, é necessário o compromisso; mas qualquer um que se comprometa sem reservas arrisca-se a sofrer muito no futuro, no caso de o relacionamento vir a se dissolver.

Cerca de $3/4$ da amostra de Hite insistiu em suas inseguranças com respeito ao amor. "Estou sempre questionando se ela realmente me ama, ou se eu a amo mais"; "Às vezes eu me sinto amada, outras vezes, ignorada. Se estou satisfeita? Não"; "Eu me sinto mais carente do que acredito ser o caso dela. Eu me sinto amada, mas sou um pouco insegura. Gostaria que ela me quisesse mais. Mas detestaria se ela dependesse demais de mim ou me exaurisse". Entretanto, a maioria considera os relacionamentos sexuais com outras mulheres mais íntimos e iguais do que com os homens. É aparente uma consciência geral de que novos modelos de amor devem se desenvolver, e que os relacionamentos *gays* proporcionam um contexto em que isso pode ser alcançado. Como declarou uma mulher, "*Apaixonar-se* é explosivo, obsessivo, irracional, maravilhoso, arrebatador, sonhador. *Amar* é uma tarefa longa, é confiança, comunicação, compromisso, dor, prazer".

O conflito entre a excitação sexual, que frequentemente tem curta duração, e formas mais duráveis de proteção à parceira emerge com todo o ímpeto. Mas muitas mulheres podem, também, observar que a intensidade de sua resposta e satisfação sexuais depende do grau de proximidade que sentem uma em relação à outra. Mais de 80% disseram que são capazes de conversar com facilidade e intimamente com suas parceiras. "Ela é uma ouvinte atenta e respeitosa, presta atenção a mim quando eu preciso disso, e faço o mesmo em relação a ela. Sou mais inclinada a expor os meus desejos, mas a estimulo a fazer o que tem vontade e a dizer qualquer coisa que esteja sentindo."[1] As desigualdades econômicas são menos marcantes do que na maior parte dos relacionamentos heterossexuais; e a divisão das tarefas domésticas, mesmo que frequentemente leve a conflitos, parece ser mais ou menos universal.

No relacionamento puro, a confiança não tem apoios externos e tem de ser desenvolvida tendo-se como base a intimidade. Confiar é ter fé no outro e também na capacidade do laço mútuo para resistir a traumas futuros. Isto é mais que uma questão apenas de boa-fé, por mais problemático que isso possa ser. Confiar no outro é também apostar na capacidade de o indivíduo realmente poder agir com integridade. A tendência dos relacionamentos sexuais serem diádicos (não confundir com monogâmicos) é provavelmente em algum grau o resultado do desejo inconsciente de recapitular aquele sentimento de exclusividade que o bebê desfruta com sua mãe. Segundo Freud, a característica "especial" que uma pessoa encontra na outra é, neste sentido, uma "redescoberta". Mas o caráter diádico dos relacionamentos sexuais também tende a ser reforçado pela natureza da pretensa confiança. Quando falamos de confiança nas pessoas, esta não é uma qualidade capaz de expansão indefinida.

A história compartilhada que dois indivíduos desenvolvem juntos, em alguns momentos, inevitavelmente, deixa de fora outras pessoas, que se tornam parte do "exterior" generalizado.

---

1. Todas as citações dos parágrafos precedentes são de Shere Hite, *Women and Love*, London: Viking, 1988.

A exclusividade não é uma garantia de confiança, mas apesar disso é um estímulo importante para ela. Intimidade significa a revelação de emoções e ações improváveis de serem expostas pelo indivíduo para um olhar público mais amplo. Na verdade, a revelação do que é mantido oculto das outras pessoas é um dos principais indicadores psicológicos, capaz de evocar a confiança do outro e de ser buscado em retribuição. É fácil verificar como a autorrevelação presumida pela intimidade pode produzir codependência se não acompanhar a preservação da autonomia. Se a "entrega" psicológica ao outro não for mútua, e razoavelmente bem equilibrada, um indivíduo é capaz de definir as suas necessidades desvinculadas do outro, esperando que o outro as acompanhe.

Evidentemente, em um relacionamento, um parceiro poderia certificar-se de que ela ou ele tem um círculo de amigos, assim como outros que podem ser procurados em períodos de dificuldades. Mas uma vez que a confiança não pode ser indefinidamente expandida, há prioridades em tais decisões. Assim como os amantes, os amigos em geral requerem indicadores de intimidade, uma informação especial apenas para eles. Alguém que confia mais em seus sentimentos e experiências em relação a um amigo do que em relação ao seu amante provavelmente tem reservas quanto ao seu relacionamento com aquele amante. Para muitos casais heterossexuais, esse problema é, em certo sentido, "resolvido" pelo próprio fato de as mulheres muito frequentemente acharem difícil "conversar" com seus parceiros homens. São capazes de estabelecer indicadores de intimidade com suas amigas mulheres que um marido ou um amante homem pode repudiar.

Dadas certas condições, o relacionamento puro pode proporcionar um ambiente social favorável ao projeto reflexivo do eu. Segundo os manuais terapêuticos, os limites, o espaço pessoal e o restante são mais necessários para os indivíduos florescerem em um relacionamento do que para caírem na codependência. Mas é claro que aqui há também grandes áreas de possível tensão e conflito. A história compartilhada desenvolvida em um relacionamento pode servir de anteparo para problemas do mundo exterior; um ou ambos os indivíduos podem tornar-se dependentes, não tanto do outro, mas do relacionamento e de suas rotinas estabelecidas, como um meio de se isolarem de um engajamento pleno com outras tarefas ou deveres sociais. Atingir um equilíbrio entre a autonomia e a dependência é problemático. A natureza móvel da autoidentidade necessariamente não se ajusta com facilidade às demandas dos relacionamentos puros. A confiança deve de algum modo se acomodar às diferentes trajetórias do desenvolvimento que os parceiros devem seguir. Deve haver sempre certa permissão na confiança. Confiar em alguém significa renunciar às oportunidades de controlá-lo ou de forçar as suas atividades dentro de algum molde particular. Mas a autonomia concedida ao outro não será necessariamente utilizada de modo a preencher as necessidades do parceiro no relacionamento. As pessoas "crescem separadas" – esta é uma observação bastante comum. Mas influências mais sutis podem estar envolvidas. Uma mudança na narrativa do eu, por exemplo, embora pudesse ser realizada, geralmente afeta a distribuição do poder em um relacionamento, podendo impulsioná-lo em direção à codependência.

Lesbianismo e sexualidade masculina

Cada sexo é um continente escuro para o outro, e a discussão apresentada no capítulo anterior indica de modo bastante preciso por que existe esta tendência. As atitudes de muitas das entrevistadas de Hite, mesmo aquelas que continuam a ter encontros heterossexuais, são invadidas por uma clara sensação de alívio ao escaparem das atenções sexuais dos homens. De acordo com os achados de Hite, que fazem eco àqueles de Charlotte Wolff e outros, as mulheres bissexuais em geral têm ligações muito mais fortes com outras mulheres do que com homens, mesmo quando inseridas em casamentos heterossexuais.[2]

---

2. Charlotte Wolff, *Bisexuality*, London: Quartet, 1979.

A sexualidade plástica, se plenamente desenvolvida, implicaria uma atitude neutra em relação ao pênis. Poucas mulheres no estudo de Hite, ou no de Wolff, são capazes de, ou inclinadas a, se movimentar livremente entre mulheres e homens, por mais que diversifiquem suas experiências sexuais. Mas as mulheres lésbicas realmente destroem o estereótipo de que as mulheres são naturalmente monógamas. A maior parte das entrevistadas de Hite, se estão em um relacionamento razoavelmente prolongado, encaram a monogamia como um ideal desejável. Mas isso tem mais a ver com um reconhecimento da centralidade da confiança do que com uma aversão à experimentação sexual em si. Muitas mulheres falam das dificuldades que elas ou suas parceiras têm em permanecer monógamas, pelo menos após o esmorecimento de um período inicial de intensa atração física em relação ao parceiro.

A sexualidade episódica dos homens parece claramente relacionada a uma tentativa inconsciente de reivindicar e dominar a mãe todo-poderosa. Esse tipo de aventura sexual extrema parece bastante ausente entre as mulheres. Mas sabemos que o desejo de dominar não está limitado à psicologia masculina, e não surpreende descobrir que algumas mulheres usam a promiscuidade como um meio de diminuir o compromisso pressuposto por um relacionamento primário.

"Ela é uma terrível namoradeira", [observa uma mulher sobre a sua amante] e sempre foi. Convivi com isso durante três anos. Vivemos juntas dois anos. Finalmente... saí fora. Ainda a vejo e durmo com ela, mas durmo também com outras mulheres. Depois de todo esse tempo vendo-a sair com outras, decidi tentar fazer o mesmo – agora gosto disso e não estou certa de ainda ser basicamente monógama.

Uma proporção menor de lésbicas do que de mulheres heterossexuais casadas tiveram, ou estão tendo, casos fora de seus relacionamentos principais, mas os números ainda são substanciais (cerca de um terço entre as entrevistadas de Hite). "Tenho tido sexo fora de meus relacionamentos, de todos"; "Eu gosto das mulheres. Gosto de namorar. Gosto da sedução"; "Eu não estava apaixonada; estava com tesão" – não se poderia pensar que quem falava era um homem heterossexual, e não uma mulher lésbica? No entanto, há diferenças. A maior parte das mulheres heterossexuais mantém seus casos escondidos de seus parceiros, mas entre as homossexuais não monógamas o sexo é geralmente conduzido com o conhecimento e a aquiescência da parceira, ou muito rapidamente chega ao conhecimento da outra. O motivo disso parece ser o nível mais alto de comunicação encontrado nos relacionamentos mulher-com-mulher, em oposição aos relacionamentos heterossexuais. A desistência da monogamia é discutida abertamente com muito mais frequência, e a monogamia é menos um resíduo das normas tradicionais do casamento do que um padrão estabelecido por consenso. Quando outras ligações não vêm à tona logo de início, tendem a ser conhecidas em um ou outro momento.

Poucas mulheres parecem sentir falta do sexo episódico possibilitado pelos encontros com homens, porém mais raro em envolvimentos sexuais com outras mulheres. Continua-se a fazer sexo com homens, especificamente com esse propósito. Outra mulher diz, "Acho quase impossível, em encontros sexuais essencialmente impessoais com mulheres, ter o tipo de 'divertimento' que eu costumava ter com homens. Não há como não se chegar a conhecer as outras mulheres durante o processo – há muito mais conversa, mais afeição – no mínimo, a gente se torna amiga". De acordo com os dados de Hite, mais de 60% das mulheres lésbicas, após o rompimento de um relacionamento, permanecem durante um longo tempo amigas íntimas de suas ex-amantes.[3]

Uma característica significativa das informações das mulheres lésbicas diz respeito à natureza intensa e tão desejada do prazer sexual. As mulheres desejam sexo? Certamente, estas mulheres querem e são ativas na busca de satisfação sexual, tanto nos

---

3. Hite, em *Women and Love*, realmente discute este fenômeno duas vezes, nas p. 610 e 641, aparentemente sem observar a repetição. Os dados apresentados para as mulheres que permanecem amigas íntimas de seus ex-amantes são levemente diferentes nos dois lugares, 64% em uma página e 62% na outra.

relacionamentos internos quanto nos externos. Se o prazer sexual for medido por resposta orgásmica – um índice duvidoso, como muitas disseram, mas certamente não desprovido de valor quando colocado em contraposição às privações sexuais sofridas pelas mulheres no passado –, o sexo lésbico parece mais bem-sucedido do que a atividade heterossexual. Além disso, há uma maior igualdade no dar e receber da experiência sexual: "Há um vínculo entre nós que jamais poderia ser comparado à minha experiência com os homens"; "Eu gosto dos modos, dos corpos, das paixões, da suavidade e do poder das mulheres"; "Jamais me senti pressionada por uma mulher a fazer sexo com ela. *Sempre* fui pressionada pelos homens". Em sua maioria, estas ênfases parecem compatíveis com a resposta sexual e funcionam ativamente para produzi-la. Essas mulheres desmentem a ideia de que a erotização do corpo feminino seja alcançada à custa da sensação genital. Na verdade, elas seguem juntas, algo inteiramente compatível com a influência da sexualidade plástica.

Nos relacionamentos *gays*, tanto masculinos quanto femininos, pode-se testemunhar a sexualidade completamente desvinculada da reprodução. A sexualidade das mulheres *gays* forma-se a partir de uma necessidade e está quase totalmente relacionada às implicações observadas no relacionamento puro. Ou seja, a plasticidade da resposta sexual é canalizada, acima de tudo, por um reconhecimento dos gostos dos parceiros e de sua opinião sobre o que é ou não agradável e tolerável. O poder diferencial pode ser restabelecido por uma inclinação, por exemplo, para o sexo sadomasoquista. Uma mulher diz:

> Eu gosto do sexo bruto, apaixonado, porque ele ultrapassa as barreiras da "pureza" que tantas mulheres constroem em torno de si. Não há a sensação de contenção, tão frequente com o sexo delicado, politicamente correto – "S e L", como uma de minhas amigas o apelidou (ou seja, *sweetness and light*, suave e leve). Minha atual amante e eu experimentamos algumas vezes sadomasoquismo e sujeição, e achamos muito excitante. Tudo o que temos feito tem sido totalmente consensual, e a "dominada" (que varia) tem sempre controle acompanhado da ilusão de estar fora de

controle. Temos incluído coisas como espancamento, açoitamento, puxar os cabelos e mordidas, mas nunca a ponto de ferir ou mesmo de marcar. O que torna isso tão bom é a sensação de completo desprendimento.[4]

Seria possível observar-se aqui o retorno do falo, e de uma forma um tanto odiosa. Até certo ponto isso pode ser correto, mas poderia ser também proposta uma interpretação diferente. Em relacionamentos lésbicos (assim como também entre os homens *gays*), as atitudes e as peculiaridades "proibidas" no relacionamento puro podem influenciar potencialmente, incluindo o controle instrumental e o exercício do poder formal. Confinado à esfera da sexualidade e transformado em fantasia – em vez de ser determinado pelo exterior, como habitualmente ocorre –, o domínio talvez auxilie a neutralizar a agressão, que de outro modo se faria sentir em outra parte.

Como em outros aspectos, aquilo que poderia parecer uma característica retrógrada dos relacionamentos sexuais mulher-com-mulher, realmente poderia proporcionar um modelo para a atividade heterossexual eticamente defensável. O sadomasoquismo consensual não precisa ser apresentado como uma receita para a experiência sexual compensadora, mas o princípio que ele expressa é suscetível à generalização. A sexualidade plástica poderia tornar-se uma esfera que não mais contivesse os detritos das compulsões externas, e, em vez disso, assumiria o seu lugar como uma dentre outras formas de autoexploração e construção moral. Talvez aqui possa ser descoberto um significado nos escritos de Sade, completamente diferente daqueles em geral sugeridos. Em Sade, o poder, a dor e a morte investem-se inteiramente de sexo e são exercidos através da perversão. O falo domina tudo e a sexualidade é despojada de qualquer vestígio de ternura – ou assim parece. Mas Sade separa inteiramente a sexualidade feminina da reprodução e festeja a sua fuga crônica a partir da subordinação a interesses fálicos. Sua representação do sexo, que concentra

---

4. Hite, *Women and Love*.

tudo o mais dentro dele, poderia ser vista como um estratagema metafórico irônico, indicando a inocência da própria sexualidade.

A homossexualidade e o encontro episódico

A sexualidade episódica é, em sua maior parte, desenvolvida entre as mulheres na cultura de alguns tipos de clubes e bares lésbicos. A vida do bar concentra-se, às vezes, na busca de parceiros sexuais transitórios. Uma recém-chegada à cultura do bar comenta que, durante muito tempo, "Eu não conseguia compreender por que continuava a tentar a sorte nos bares". Sua educação e seu conhecimento, continua, não pareciam impressionar ninguém. Então ficou claro para ela que as coisas mais importantes na formação de ligações eram os olhares e a "atração imediata". "Era muito simples... Ninguém no bar estava interessado em conhecer alguém que pudesse levar para casa para conhecer Mamãe."[5]

Ligações de curto prazo, despersonalizadas: estas não estão de modo algum ausentes dos relacionamentos lésbicos. Considerando-se que muitos homens gays estabelecem vínculos sexuais de longo prazo um com o outro, não se deve exagerar nos contrastes entre a homossexualidade feminina e a masculina. Mas a sexualidade episódica entre alguns homens gays é intensificada muito além das encontradas nas comunidades lésbicas. Por exemplo, quando existiam as saunas, muitos homens que as frequentavam procuravam experiências sexuais múltiplas a cada noite; a maioria ficaria desapontada se tivesse tido apenas um encontro sexual no decorrer de várias horas. Por exemplo, em seu estudo da cultura da sauna na década de 1960, Martin Hoffman entrevistou um jovem que, como receptor passivo, frequentemente tinha cerca de 50 contatos sexuais no espaço de uma noite.[6]

---

5. Sydney Abbott e Barbara Love, *Sappho Was a Right-On Woman*, New York: Stein, 1977, p. 74.
6. Martin Hoffman, *The Gay World*, New York: Basic, 1968, p. 49-50.

O sexo na sauna, do mesmo modo que em vários outros contextos da atividade sexual dos homens *gays*, era, em geral, anônimo. Os homens que lá frequentavam normalmente não tinham contato social um com o outro, exceto para as conversas mais casuais. Não tinham conhecimento da natureza da vida pessoal fora dali e só se dirigiam um ao outro pelos primeiros nomes. Nesse caso, um novo significado é conferido à transitoriedade; comparado com tais encontros, o episódio heterossexual anônimo retratado em *O Último Tango em Paris* parece um envolvimento profundo e duradouro.

O homem a que Hoffman se refere era casado e pai de dois filhos. A bissexualidade masculina é hoje em dia tão característica do comportamento sexual dos homens que chega a ser uma forma tão "ortodoxa" da orientação sexual quanto a heterossexualidade. A proporção de homens "heterossexuais" que regularmente se envolvem em atividade homossexual episódica aumentou muito nos últimos tempos — apesar do impacto da aids. Os pesquisadores calcularam que, nos Estados Unidos, 40% dos homens casados, em algum momento de suas vidas de casados, envolveram-se em sexo regular com outros homens; outros afirmaram que a proporção era ainda maior.[7]

Sob este aspecto, as características defensivas da sexualidade episódica parecem bastante claras. Isso pode ser considerado como uma completa fuga dos homens às relações que associam sexualidade, autoidentidade e intimidade. Quando as mulheres não são mais cúmplices, a homossexualidade episódica torna-se um esforço combinado dos homens para resistirem às implicações da igualdade entre os sexos. No relacionamento conjugal, o compromisso em relação aos direitos do outro é mantido emocionalmente sob controle pelo efeito de distanciamento provocado pelos encontros episódicos.

Será que o mesmo pode ser dito sobre os homens que são mais explicitamente *gays* e repudiam todos os contatos sexuais com mu-

---

7. Heather Formani, *Men. The Dark Continent*, London: Mandarin, 1991, p. 23-30.

lheres? Dado que esse ressentimento para com as mulheres faz parte da psicologia masculina em um nível muito geral, os homens *gays* podem, em certo sentido, enfrentar a ambivalência libertando-se completamente dela. Mas seria errôneo considerar-se uma orientação para a sexualidade episódica apenas em termos negativos. Do mesmo modo que as lésbicas, os homens *gays* questionam a tradicional integração heterossexual entre o casamento e a monogamia. Assim como é compreendida no casamento institucionalizado, a monogamia sempre esteve ligada ao padrão duplo e, por isso, ao patriarcado. Era uma exigência normativa para os homens, mas por muitos honrada apenas em sua violação. Entretanto, em um mundo de sexualidade plástica e de relacionamentos puros, a monogamia tem de ser "reelaborada" no contexto do compromisso e da confiança. A monogamia não se refere ao relacionamento em si, mas à exclusividade sexual como um critério de confiança; a "fidelidade" não tem significado, exceto como um aspecto daquela integridade presumida na confiança no outro.

Quando os encontros episódicos não constituem um estratagema de controle – ou um vício, como certamente é o caso na situação descrita por Hoffman –, eles são, na verdade, explorações das possibilidades oferecidas pela sexualidade plástica. Desta perspectiva, mesmo sob a forma de contatos impessoais e passageiros, a sexualidade episódica pode ser uma forma positiva da experiência do cotidiano. Revela a sexualidade plástica pelo que ela (implicitamente) é: o sexo libertado de sua antiga subserviência ao poder diferencial. Por isso, a sexualidade *gay* episódica, semelhante à do tipo da cultura da sauna, expressa uma igualdade que está ausente da maioria dos envolvimentos heterossexuais, incluindo os transitórios. Por sua própria natureza, ela só permite o poder sob a forma da própria prática sexual: o único determinante é o gosto sexual. Este certamente faz parte do prazer e da realização que a sexualidade episódica pode proporcionar, quando despojada de suas características compulsivas.

O *gay* machão, a bicha *punk*, aquele do *jeans* justo – estes são mais que apenas réplicas irônicas da masculinidade heterossexual. São uma visível desconstrução da masculinidade e ao mesmo tempo afirmam o que o assumido poder fálico nega: o fato de, na vida social moderna, a autoidentidade, incluindo a identidade sexual, ser uma realização reflexiva. De um modo paralelo, o sexo episódico impessoal é um comentário crítico à subversão do prazer sexual por sua associação com a dominação "extrínseca". É propenso a ser defensivo e compulsivo até o ponto em que é dirigido pelas próprias influências externas. Sua igualdade intrínseca só pode ser inteiramente resgatada se alimentada pelas influências igualadoras em outros ambientes da vida social. A sexualidade episódica pode ser habitualmente um modo de se evitar a intimidade, mas também oferece um meio de promovê-la ou de elaborá-la. A exclusividade sexual é apenas uma maneira pela qual o compromisso com o outro é protegido e a integridade alcançada. Embora seja crucial ao domínio do falo, não está totalmente claro que a sexualidade episódica seja inerentemente incompatível com as normas emergentes do relacionamento puro.

Homens e mulheres: juntos ou separados?

"Sou *gay* há trinta anos. Tive relacionamentos prolongados, minhas amigas também, mas quase ninguém fica junto 'para sempre'. Costumávamos nos preocupar com isso – achávamos que os heterossexuais pareciam ficar juntos muito mais tempo que os casais *gays*." A mulher que fez esta observação no estudo de Hite prossegue, acrescentando que as coisas agora mudaram. E tinha de ser assim. Os relacionamentos *gays* descritos nas investigações de Hite são frequentemente difíceis, cheios de problemas e de curta duração. Comparados com eles, entretanto, os relacionamentos heterossexuais muito frequentemente parecem um campo de batalha, onde a agressão e a guerra aberta misturam-se a um profundo desafeto entre os sexos. Hite descobriu que quase toda a sua amostra de entrevistadas heterossexuais disse que gostaria de "maior proximidade verbal" com seus maridos; a maior parte relatou resistência no encontro ou rompimento emocional ao tentarem iniciar uma comunicação mais próxima. As mulheres ficam desesperadas com as contínuas infidelidades de seus parceiros, embora uma comparável proporção delas também se envolva em ligações extraconjugais. Encontram aridez emocional em situações em que esperavam amor duradouro. Hite coloca as coisas da seguinte maneira:

> Muitas mulheres sabem que não estão conseguindo apoio emocional, estima ou respeito iguais em seus relacionamentos. E, apesar disso, é difícil expor definitivamente a um homem como ele está projetando as atitudes depreciadoras. Algumas das formas em que isto acontece são tão sutis em sua expressão que, embora uma mulher possa concluir estar se sentindo frustrada e na defensiva, deve achar quase impossível explicar exatamente o motivo: apontar a sutileza dita ou feita pareceria mesquinho, assim como uma reação exagerada. Mas tudo somado, não surpreende que mesmo um destes incidentes possa provocar uma briga importante – ou, mais tipicamente, outro episódio de alienação que jamais fica resolvido. Estes pequenos incidentes destroem um relacionamento, deixando a mulher enraivecida e, finalmente, fazendo com que o amor se reduza a uma mera e medíocre tolerância.[8]

A equalização é um elemento intrínseco na transformação da intimidade, como também o é a possibilidade da comunicação. Hoje em dia, a raiva dos homens em relação às mulheres é, substancialmente, uma reação contra a autoafirmação das mulheres no lar, no local de trabalho e em toda a parte. As mulheres, por sua vez, têm raiva dos homens devido aos modos sutis e não sutis pelos quais lhes negam os privilégios materiais reivindicados. Pobreza econômica para as mulheres, pobreza emocional para os homens: será esta a situação do jogo na relação entre os sexos? Aqueles que se nomeiam os defensores dos homens e das mulheres, em ambos os lados, diriam isso, embora cada um esteja inclinado a acusar o outro de não perceber inteiramente os sofrimentos do sexo oposto.

---

8. Hite, *Women and Love*, p. 73.

Retomando o tema da masculinidade como uma deterioração psíquica, Herb Goldberg descreve os "riscos de ser homem" e fala do privilégio masculino como um mito.[9] Goldberg é um observador sensível das mudanças que têm afetado o gênero e a sexualidade, sendo também simpático aos objetivos do movimento das mulheres. Entretanto, em seus escritos, as queixas das mulheres em relação aos homens, apresentadas nos estudos de Hite e repetidas em uma enorme quantidade de manuais terapêuticos – de que os homens são emocionalmente atrofiados, sem contato com seus sentimentos e assim por diante – são encaradas como cargas infelizes que os homens têm de suportar.

Aqui, mais uma vez, o vício tem um papel central. Muitos homens, diz Goldberg, tornaram-se "zumbis", são impulsionados por motivos que eles mal compreendem. A cultura moderna está saturada de "executivos zumbis, jogadores de golfe zumbis, zumbis em conversíveis, *playboys* zumbis": todos estão "seguindo as regras do jogo masculino" e, em consequência, "perderam o contato ou estão se afastando de seus sentimentos e de sua própria consciência como pessoas". As mulheres protestaram e libertaram-se de seu confinamento em um ambiente doméstico e das limitações do autodesenvolvimento que o acompanhavam. Os homens ainda estão aprisionados no papel de provedores, muito embora os benefícios econômicos que os homens promovem para as mulheres causem, atualmente, mais ressentimentos do que apreço. A necessidade de "agir como homem" está fortemente inculcada – e para a maior parte tal conduta é esperada também pelas mulheres –, mas as pressões que ela provoca são intensas. Segundo Goldberg, a ideia de que os homens são privilegiados vai contra todas as estatísticas de deterioração pessoal: com respeito à longevidade, à propensão à doença, ao suicídio, ao crime, a acidentes, ao alcoolismo e ao vício de drogas, as mulheres são, em média, mais favorecidas que os homens.

---

9. Herb Goldberg, *The Hazards of Being Male*, New York: Signet, 1976; *The New Male*, New York: Signet, 1979; e outras obras do mesmo autor.

O homem que, em momentos de reflexão sincera, se pergunta "O que há nisto tudo para mim? O que estou conseguindo e o que posso esperar do futuro?" pode se perceber em um estado de perda considerável que o impede de responder de um modo positivo ou otimista. As mudanças da mulher, combinadas com a sua própria rigidez, colocaram-no contra a parede. Se ele persiste em suas antigas posturas, permanece acusado de chauvinismo e sexismo. Se faz um esforço para assumir novas responsabilidades sem fazer exigências iguais e abre mão de parte de sua tradicional couraça, apenas terminará vendo-se sobrecarregado e extenuado ao ponto da exaustão. Afastando-se completamente do estilo masculino tradicional, pode descobrir aterrorizado que está se tornando invisível, assexuado e inútil aos olhos da maior parte das mulheres e mesmo da maior parte dos outros homens, que se afastam de um homem que não tem emprego, posição e poder.[10]

De acordo com Goldberg, nos relacionamentos contemporâneos os homens frequentemente se percebem em uma situação de não vencedores. As mulheres dirão, "você está com medo da proximidade e da excitação emocional", o que quase sempre é verdade; mas, de fato, têm ativamente buscado homens que elas pudessem respeitar: independentes, controlados e dedicados ao trabalho. As mulheres se irritam com as próprias características que primeiro as atraíram, pois terminaram desvalorizando as formas de proteção que os homens, em sua maioria, têm sido capazes de proporcionar.[11]

A réplica feminista enxerga tudo isso de uma maneira completamente diferente. Segundo Barbara Ehrenreich, os homens começaram, um pouco antes das mulheres, uma rebelião contra os antigos papéis masculinos.[12] Até cerca de 30 ou 40 anos atrás, esperava-se que um homem se casasse e sustentasse uma esposa; qualquer um que não agisse desta maneira era encarado como suspeito. Em determinado momento, no entanto, os homens ficaram cautelosos em relação ao casamento e em terem que

---

10. Goldberg, *The Hazards of Being Male*, p. 3.
11. Goldberg, *The New Male*, p. 163.
12. Barbara Ehrenreich, *The Hearts of Men*, London: Pluto, 1983.

enfrentar as suas exigências econômicas. Ainda tinham como objetivo o sucesso econômico, mas, necessariamente, não mais acreditavam que deveriam trabalhar em benefício de outros. Para continuar livre, um homem deveria permanecer solteiro; podia desfrutar dos resultados do seu trabalho sem a responsabilidade social de uma esposa ou de um lar estabelecido. Na opinião de Ehrenreich, os *beatniks* e os *hippies*, que surgiram para questionar a vida do trabalho fatigante, do homem convencional, reforçaram ainda mais as mudanças já em andamento, pois rejeitavam o casamento, o lar e a responsabilidade doméstica.

Na opinião de Ehrenreich, a medicina e a psicologia contribuíram involuntariamente para a rebelião masculina; mostraram como os homens eram extremamente afetados pelas pressões e tensões da vida moderna. No século XIX, a expectativa de vida dos homens era mais alta que a das mulheres; à medida que a doença cardíaca, o câncer e outras doenças substituíram as principais enfermidades anteriores, como a tuberculose ou a pneumonia, e à medida que a morte no parto tornou-se rara, as mulheres começaram, em média, a sobreviver aos homens. Os homens tornaram-se o sexo mais fraco e, pelo menos em alguns círculos médicos, este fato era explicado em razão de sua necessidade de trabalhar mais arduamente que as mulheres. A doença cardíaca coronária, em particular, encontrada mais entre os homens que entre as mulheres, veio a ser encarada como uma expressão das pressões enfrentadas pelos homens. Aqui, voltam à mente os argumentos de Goldberg: "o efeito prolongado do medo da doença coronária veio abalar as reivindicações das mulheres por uma participação no salário do marido e, além disso, a culpar o papel de provedor como sendo uma 'armadilha letal' para os homens".[13]

Qual o resultado disso? Na opinião de Ehrenreich, a posição de Goldberg permite aos homens tentar um ganho duplo. Comparados às mulheres, eles podem largar o papel de provedor sem renunciar às suas vantagens econômicas superiores. A "más-

---

13. Ibid., p. 86.

cara da masculinidade" pode ser removida e ao mesmo tempo o homem pode evitar qualquer envolvimento doméstico prolongado, concentrando-se, assim, em seus próprios prazeres. Foi criado um clima social que endossa a "irresponsabilidade, a autoindulgência e um desligamento isolacionista das reivindicações dos outros".[14] Os homens ganharam a sua liberdade, enquanto as mulheres ainda esperam a delas. A independência econômica obtida pelos homens não se tornou disponível às mulheres, que tiveram de assumir as responsabilidades que os homens abandonaram. As mulheres, particularmente aquelas que sustentam famílias sem pai, correspondem a uma alta proporção entre os pobres. Os homens renegaram o pacto que anteriormente era a base do salário familiar.

A separação dos sexos

Dada a discrepância de suas análises, não surpreende que as soluções práticas apresentadas por cada autor sejam diferentes. O programa de Ehrenreich é fundamentalmente de caráter econômico. As mulheres deveriam ter uma renda mínima suficiente para prover um salário familiar sem a assistência necessária dos homens, o que significa, entre outras coisas, igualdade de oportunidade no mercado de trabalho. São também necessários a assistência para o sustento dos filhos, a orientação profissional e o apoio governamental para as mulheres sem emprego remunerado. Ehrenreich considera a possibilidade de que isso possa significar que as mulheres tendam progressivamente a perder as esperanças nos homens; os homens vão se transferir transitoriamente para as vidas das mulheres, que permanecerão como o verdadeiro sustento da família. Uma reconciliação entre os sexos é possível, baseada em "certa renovação da lealdade e da confiança entre os homens e as mulheres adultos", mas está longe de ser alcançada.[15]

---

14. Ibid., p. 169.
15. Ibid., p. 182.

As recomendações de Goldberg são quase todas sobre a autoidentidade. Os homens são encarregados de redefinir a masculinidade para superar aquelas influências que os separaram de sua "experiência interior". Devem evitar os rótulos que serviram para sustentar uma adesão escravizante ao princípio do desempenho – a preocupação de ser considerado um covarde, um fraco, um fracasso, um imaturo, um impotente ou um misógino. Deveriam cultivar amizades próximas com outros homens para terem aquele mesmo tipo de apoio que as mulheres são capazes de proporcionar uma à outra. É importante para todo homem romper com a ideia de que as mulheres com quem ele se envolve devam ser passivas e apaixonadas; em vez disso, devem esperar relacionar-se com mulheres que são pessoas independentes. Os homens necessitam desenvolver o seu "lado feminino" e "reivindicar emoções, necessidades de dependência, passividade, instabilidade, jovialidade, sensualidade, vulnerabilidade e resistência a sempre assumir a responsabilidade".[16] Goldberg aconselha os homens a não buscarem tão ansiosamente modificar o mundo: primeiro modifiquem a si mesmos.

Há pouca dúvida de que novos antagonismos emocionais estejam se revelando entre os sexos. As raízes da raiva, tanto masculinas quanto femininas, ferem mais profundamente do que sugere qualquer um dos relatos precedentes. O falo é apenas o pênis: que descoberta estarrecedora e desconcertante para ambos os sexos! As reivindicações de poder da masculinidade dependem de um pedaço de carne pendente que agora perdeu a sua relação peculiar com a reprodução. Esta é na verdade uma nova castração; agora as mulheres podem encarar os homens, pelo menos em um nível cognitivo, como um apêndice tão inútil quanto o próprio órgão sexual masculino.

Para o homem, como já foi indicado anteriormente, a manutenção da confiança básica está, desde a infância, ligada ao domínio e ao controle, incluindo o autocontrole, que têm a sua

---

16. Goldberg, *The New Male*, p. 254.

origem em uma dependência emocional reprimida das mulheres. A necessidade de neutralizar tais desejos reprimidos, ou de destruir o objeto de tais desejos, entra em choque com a necessidade de amor. Nestas circunstâncias, os homens estão, em grande número, inclinados a se afastar das mulheres e a encarar o compromisso como equivalente a uma armadilha, embora os níveis de violência masculina contra as mulheres possam muito bem ir além daqueles atualmente observados.

Entretanto, a dependência ambivalente não está confinada ao sexo masculino. A raiva estimulada pela vergonha é característica também do desenvolvimento psicossexual feminino. A transmutação do falo em pênis tem implicações perturbadoras para as mulheres, porque o seu papel como um significante da autonomia é importante para o seu próprio senso de autointegridade. A admiração feminina pelos homens presume que o homem seja capaz de escapar do domínio da mãe; a cumplicidade das mulheres deriva dessa "maldade" específica que pode ser amansada pelo amor. Muitas mulheres tendem a desejar justamente o tipo de homem que não se compromete; na verdade, uma aversão ao compromisso, por razões já explicadas, muitas vezes maximiza tanto a sua atração quanto o desafio que ele apresenta.

Todas essas coisas causam um profundo impacto nos laços heterossexuais. Superficialmente, o casamento heterossexual parece manter a sua posição central na ordem social, tornando a discussão anterior dos relacionamentos lésbicos, na melhor das hipóteses, muito marginal. Na realidade, ela foi muito enfraquecida pela ascensão do relacionamento puro e da sexualidade plástica. Se o casamento ortodoxo ainda não é amplamente considerado como apenas um estilo de vida entre outros, como na verdade se tornou, isto se deve em parte ao atraso institucional e em parte ao resultado do complicado jogo de atração e repulsão que o desenvolvimento psíquico de cada sexo cria em relação ao outro. Quanto mais o relacionamento puro torna-se a forma prototípica da vida pessoal, mais esse conjunto paradoxal de atitudes vem claramente à tona. Ele produz várias formas de dependência e de codependência, mas tem também as consequências cismáticas acima citadas.

Alguns casamentos podem, ainda, ser contraídos, ou mantidos, principalmente devido à geração ou à educação dos filhos. Mas a presença dos filhos – em "famílias originais" ou em famílias posteriormente formadas – serve tão frequentemente para introduzir tensões em um relacionamento quanto para sustentá-lo. A maior parte dos casamentos heterossexuais (e muitas ligações homossexuais) que não se aproximam do relacionamento puro tendem a seguir duas direções, se não caírem na codependência. Uma delas é uma versão do casamento por companheirismo. O nível de envolvimento sexual recíproco entre os cônjuges é baixo, mas algum grau de igualdade e de simpatia mútua é construído no relacionamento. Este é um casamento do tipo moderno, organizado em termos de um modelo de amizade. A outra forma é quando o casamento é utilizado como uma base doméstica por ambos os parceiros, que têm apenas um investimento emocional leve. Este difere do antigo "tipo padrão" do casamento heterossexual, em que o homem utilizava o casamento como um lugar a partir do qual operava, enquanto a esposa organizava os meios para manter a sua existência. Neste caso, ambos os parceiros tratam o casamento como um ambiente relativamente seguro, do qual eles partem para enfrentar o mundo lá fora.[17]

Mas cada um desses tipos está, também, inclinado a se voltar para o relacionamento puro, na experiência de vida do indivíduo e na sociedade como um todo. Se os sexos vão ou não se desenvolver juntos ou separados, vai depender de até que ponto os relacionamentos puros podem ser contraídos e sustentados de uma forma durável. As perspectivas apresentadas por Goldberg e Ehrenreich possuem ambas as suas falhas. Ehrenreich reúne uma diversidade de fontes, em sua interpretação, da crescente irresponsabilidade dos homens. A filosofia da *Playboy* é discutida com a mesma intensidade que a boemia dos *beatniks*, a cardiologia, a psicologia do potencial humano de Maslow e tenta fundamentar os movimentos dos homens seguindo as linhas defendidas por

---

17. Para uma tipologia um pouco diferente, ver Hite: *Women and Love*, p. 521-3.

Goldberg. Tudo leva a uma "crescente perfídia", à medida que os homens consolidam a sua liberdade à custa das mulheres. Mas as questões certamente são mais complexas do que sugere o seu relato. As correntes do narcisismo caracterizam algumas das tendências descritas, mas também o fazem as tentativas de desenvolver as perspectivas da masculinidade que seguem contra o domínio masculino. A liberação masculina, por exemplo, do modo como é formulada por Goldberg e outros, reconhece a igualdade entre as mulheres e os homens e declara que os laços entre a masculinidade e a instrumentalidade econômica devem ser dissolvidos. O que Ehrenreich descreve como uma "fuga ao compromisso" por parte dos homens realmente coincide com o verdadeiro início do "compromisso" em seu sentido atual, uma mudança nas relações sexuais em direção à emergência do relacionamento puro. E este é um fenômeno com consequências diversas, não apenas para as mulheres, mas também para os homens – especialmente se for reconhecida a dependência emocional dissimulada dos homens em relação às mulheres.

Goldberg, por outro lado, subestima a força das restrições econômicas e sociais que mantêm as mulheres distantes do alcance da paridade nos domínios privados ou públicos – algo relacionado, acima de tudo, ao fato de que as mulheres ainda são os principais agentes da criação dos filhos e das tarefas domésticas. O patriarcado permanece completamente entrincheirado na ordem social e econômica. Ele também dá muito pouca importância à força das resistências psíquicas que afetam o comportamento dos homens e das mulheres, assim como ao caráter contraditório das formações psicossexuais. "Por que um homem bom não pode ser sensual? Por que um homem sensual não pode ser bom?" – este é um apelo do coração, não apenas uma recusa feminina quixotesca em aceitar todas as implicações da igualdade dos gêneros. Há uma contraparte muito real na tendência dos homens à sexualidade episódica, por razões já discutidas.

Ninguém sabe até que ponto o advento do relacionamento puro irá se comprovar mais explosivo do que integrador em suas consequências. A transformação da intimidade, juntamente com a sexualidade plástica, promove condições que poderiam provocar uma reconciliação dos sexos. Entretanto, há mais coisa envolvida do que uma maior igualdade econômica e uma reestruturação psíquica, por mais extremamente difícil que possa ser atingi-las. Tentarei explicar esse fato nos capítulos finais.

SEXUALIDADE, REPRESSÃO, CIVILIZAÇÃO

Será a sexualidade, de alguma forma, a chave para a civilização moderna? Muitos, a maioria do lado progressista do espectro político, têm respondido afirmativamente. De acordo pelo menos com as interpretações habituais – embora estas sejam com certeza inadequadas – Freud seria uma espécie de exceção, pois relacionava o seu modo de enxergar a sexualidade a uma visão conservadora da civilização moderna. Os seguidores de Freud, no entanto, têm com frequência adaptado suas ideias, ou algumas delas, a fins radicais. Está certo que a civilização moderna é repressiva, mas a libertação da expressão sexual de suas restrições poderia produzir uma emancipação de grande alcance. O sexo, segundo Edward Carpenter, "vem primeiro, e as mãos, os olhos, a boca e o cérebro vêm depois; das entranhas irradia-se o conhecimento do eu, da religião e da imortalidade".[1]

---

1. Edward Carpenter, *Selected Writings*, v. 1: *Sex*, London: GMP, 1984, frontispício.

Sexo e repressão: Reich

Ye specious worthies who scoff at me
Whence thrives your politics
As long as ye have ruled the world?
From dagger thrusts and murder![2]

Assim Wilhelm Reich inicia o seu *Listen, Little Man!*, livro cujo próprio título faz eco à agressividade paranoica que percorre o texto, mas também defende uma visão da reforma social radical que Reich perseguiu durante toda a sua vida.[3] Devido ao modo arrojado como desafiou a autoridade, Reich foi perseguido por vários grupos, desde os psicanalistas ortodoxos, as organizações religiosas e o governo norte-americano, até aqueles que ele taxava publicamente de "fascistas vermelhos". Como o primeiro e o mais famoso dos psicanalistas sexuais radicais, Reich viu suas ideias serem difamadas por todos esses grupos e muitos outros.

Reich era o flagelo do casamento burguês e via na sexualidade genital – em sua frustração ou em seu cultivo – o indicador para os sofrimentos da modernidade. O "homenzinho" a quem Reich se dirige é, na verdade, um membro do sexo masculino, mas não apenas o homem médio que anda pelas ruas; ele é todos aqueles, incluindo as pessoas que ocupam posições de poder, que são escravos da convenção, neuróticos que se acreditam saudáveis. O homenzinho, diz Reich com toda a franqueza, é "miserável e pequeno, desprezível, impotente, rígido, inerte e vazio". Ele é o seu próprio escravizador, compelido por suas próprias ansiedades a evitar que os outros reclamem a sua liberdade.

Reich remontou a origem da neurose do homenzinho ao represamento da energia sexual; mas estava longe de propagar a licenciosidade sexual descontrolada de que seus inimigos o acusavam:

---

2. Valores ilusórios que zombais de mim/De onde floresce a vossa política/Desde que tendes dominado o mundo?/De golpes de punhal e assassinato!
3. Wilhelm Reich, *Listen, Little Man!*, London: Souvenir, 1972.

"Você é um Homenzinho Miserável!", proclamava ele.

Você dirige seus automóveis e trens sobre as pontes inventadas pelo grande Galileu. Sabe, Homenzinho, que o grande Galileu tinha três filhos, sem certidão de casamento? Isso você não conta para seus alunos. E será que você não torturou Galileu também por isso?...

Você não suspeita do fato de que é a sua mente pornográfica e a sua irresponsabilidade sexual que o algema em suas leis matrimoniais...

Você não tem mulher, ou se tem uma, só quer "deitá-la" para provar o "homem" que existe em você. Você não sabe o que é o amor...

Você sabe, e eu sei, e todos sabem, que você anda em círculos em um estado perpétuo de fome sexual; olha avidamente para cada membro do outro sexo; fala com seus amigos sobre o amor em termos de piadas sujas... Certa noite, ouvi você e seus amigos andando pela rua e gritando em uníssono: "Queremos mulheres! Queremos mulheres!"[4]

Reich opôs a sexualidade ao poder e viu no reino do "homenzinho" as origens daquele autoritarismo a que ele tão veementemente resistiu. A sexualidade, expressa de modo adequado, é a nossa principal fonte de felicidade, e quem é feliz está livre da sede de poder. Alguém que tem a "sensação de uma vida viva" tem uma autonomia que vem da nutrição das potencialidades do eu. A sexualidade orientada para o "abraço amoroso" proporciona um caminho além da dominação – uma rota, segundo Reich, para a liberdade das restrições do desejo sexual desmascarado. Em vez da "sexualidade dirigida", da sexualidade que procura "beliscar o traseiro de todas as empregadinhas", as pessoas se tornariam "abertamente felizes em seu amor".[5]

Como poderia ser provocada uma situação desse tipo? Não apenas através de reforma política, diz Reich, mas através da reforma do caráter da massa. Para Reich, o caráter é uma formação defensiva, uma "armadura" protetora desenvolvida para se resistir às vicissitudes da vida. Um caráter que ele descreve como sendo uma deformação do ego, que assume a forma de uma rigidez. A

---

4. Ibid., p. 43, 61.
5. Ibid., p. 111-12.

armadura que uma pessoa desenvolve para se proteger contra perigos externos e internos, embora a um alto custo psíquico. O "enrijecimento do ego" resulta de vários conjuntos de processos. A identificação com uma realidade frustradora ou, mais especificamente, com indivíduos que representam esta realidade dá à armadura o seu conteúdo significativo. A agressão gerada pelo outro frustrador produz a ansiedade que se volta contra o eu; as energias de um indivíduo são então bloqueadas da expressão motora e se convertem em inibições. Tais energias ficam diminuídas para a proteção dos impulsos sexuais, que só vêm à tona de um modo compulsivo.

O método terapêutico de Reich envolve atravessar a armadura do caráter, destruindo o "equilíbrio neurótico" do indivíduo. Para muitas pessoas, a capacidade para o divertimento espontâneo, que tem as suas origens no prazer sexual, tornou-se distorcida pelo sadismo, pela cupidez e pelo egoísmo. Entretanto, o caráter é uma marca de insinceridade que pode ficar alterada a ponto de produzir felicidade. O equilíbrio neurótico pode ser rompido através da libertação da libido de fixações pré--genitais. Durante o curso da terapia, a ansiedade genital do bebê é reativada, mas como um mcio de se restabelecer a "potência orgástica" perdida como um resultado do desenvolvimento psicossexual distorcido.[6]

De acordo com Reich, Freud escreveu *Civilisation and Its Discontents* em parte como uma refutação do "perigo" apresentado pela interpretação de Reich sobre a modernidade.[7] Na opinião de Reich, Freud comparou equivocadamente as instituições modernas com a civilização em geral. Antecipando o caminho mais tarde traçado por Marcuse, Reich declara que a cultura moderna é especificamente repressiva; mas rejeita a ideia do instinto de morte, afirmando que a destrutividade resulta da libido frustrada. Freud

---

6. Wilhelm Reich, *Character Analysis*, London: Vision, 1950.
7. Wilhelm Reich, *The Function of the Orgasm*, New York: Farrar, Straus and Giroux, 1961, p. 165-8.

deliberadamente buscou destruir as possibilidades da liberação sexual, bloqueando as implicações radicais de suas próprias ideias.[8]

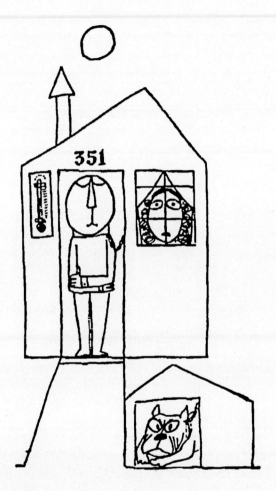

Você clama por felicidade, mas a segurança é mais importante para você. Desenho de William Steig extraído do livro *Listen, Little Man*, de Wilhelm Reich, Copyright (c) 1984 de Orgone Institute Press, Inc. Copyright renovado (c) 1976) de Mary Boyd Higgins. Reimpresso com permissão de Farrar, Straus e Giroux, Inc.

---

8. Wilhelm Reich, *The Sexual Revolution*, New York: Farrar, Straus and Giroux, 1962, p. 247 ss.

Há alguma verdade na afirmação. Em contraposição à tese de Foucault de que Freud reduz a preocupação moderna à sexualidade, em seus últimos escritos, Freud deliberadamente decidiu modificar a sua ênfase anterior "exagerada" na libido. Sua orientação foi seguida pela maioria das pessoas ligadas à profissão psicanalítica, mesmo quando se rejeitava a concepção do instinto de morte. Reich considerava-se um defensor da verdadeira fé. A sociedade moderna é patriarcal e sua ênfase no casamento monogâmico serve para desenvolver traços de caráter autoritários, sustentando, deste modo, um sistema social explorador. Por trás desse fenômeno situa-se uma transição crucial na história primitiva, a partir de uma sociedade matriarcal em que a repressão da sexualidade infantil e adolescente era desconhecida.

Reich acreditava que a reforma política sem liberação sexual é impossível: liberdade e saúde sexual são a mesma coisa. Embora defendesse a igualdade da expressão sexual para as mulheres, deu particular atenção aos direitos sexuais das crianças e dos adolescentes. Deve ser dado às crianças o direito de se envolver em jogos sexuais com outras crianças e também o direito de se masturbar; devem também ser protegidas do domínio de seus pais. Os adolescentes devem ter a oportunidade de satisfazer as suas necessidades sexuais sem qualquer controle, para que possam ser os agentes da futura mudança social. A homossexualidade era encarada por Reich como o produto da libido frustrada; ele achava que ela desapareceria com a progressiva liberação da sexualidade – assim como a pornografia.

A obra posterior de Reich foi considerada por muitos como bizarra, como as ideias de uma pessoa que, até o fim de sua vida, tornou-se ela própria perturbada. Mas o sentido de sua evolução é importante, e, na verdade, há forte continuidade entre seus primeiros e seus últimos escritos. Reich durante muito tempo suspeitou da cura de Freud pela conversa. A livre-associação, segundo Reich, frequentemente conduz a um afastamento dos problemas da pessoa, em vez de ajudá-la a revelá-los. Ele acabou percebendo que o corpo e suas disposições têm a sua própria linguagem expressiva; para conseguir uma avaliação real de um indivíduo, o terapeuta deve solicitar-lhe que *não* fale durante algum tempo. "Assim que o paciente para de falar, a expressão corporal da emoção torna-se mais claramente manifesta." A "organoterapia" é baseada na promoção da expressividade sexual através do orgasmo genital. O objetivo básico, no entanto, é permitir que o indivíduo se expresse somaticamente, de tal modo que "a linguagem seja quase inteiramente eliminada".[9] A ideia de Reich de que a energia sexual fica aprisionada na musculatura do indivíduo contém resquícios das opiniões sobre a histeria no século XIX, e também antecipa a chegada do *stress* como uma patologia física, mais tarde, neste século. Mais significativamente, o controle reflexivo do corpo é reconhecido o centro das dificuldades psicológicas. Aqui não há confessionário: Reich abandonou a cura pela conversa em prol de programas de relaxamento, massagem e dissipação da tensão corporal.

Herbert Marcuse

Marcuse também procurou discernir "a tendência oculta na psicanálise" em direção ao radicalismo.[10] Crítico de Erich Fromm e de outros "revisionistas", Marcuse, assim como Reich, tentou mostrar o potencial liberativo na obra de Freud. A libido é resgatada, mas o instinto de morte é mantido como uma advertência cautelosa dos limites do puro prazer. Toda civilização presume a "repressão básica" dos caminhos da vida e da morte, mas na sociedade moderna as exigências da disciplina econômica introduzem uma carga de repressão histórica e dispensável. Ajustando-se ao "princípio da realidade" de Freud, o indivíduo

---
9. Reich, *Character Analysis*, p. 362.
10. Herbert Marcuse, *Eros and Civilisation*, London: Allen Lane, 1970, p. 11.

está, na verdade, respondendo às exigências de uma forma de dominação exploradora.

A interpretação que Marcuse faz de Freud tem algo em comum com a versão lacaniana, embora o resultado final seja muito diferente. Como Lacan, Marcuse critica a psicologia do ego e coloca uma forte ênfase no inconsciente. Entretanto, em contraste com Lacan, Marcuse acredita que uma recuperação do inconsciente proporciona um meio poderoso para a crítica social radical; para Marcuse, isso ocorre porque a psicologia do ego aceita o mundo como ele é. Voltando aos instintos, no sentido freudiano desse termo, podemos mostrar os mecanismos de repressão e podemos também dar um conteúdo à promessa emancipatória da modernidade.

No diagnóstico de Marcuse sobre a possibilidade da emancipação, as mudanças conceituais-chave são a divisão da repressão em repressão básica e excedente e a adição do princípio da realização ao princípio da realidade. Em outras palavras, algumas formas de repressão resultam do "asceticismo interno" das instituições modernas, e podem ser afastadas quando essas instituições forem transcendidas. Em termos psicológicos, são "um excedente às exigências". O princípio da realização é o princípio que implica enfrentar-se não a "realidade" em si, mas a (impermanente) realidade histórica de uma ordem social particular. Por exemplo, o que Marcuse descreve como sendo a família "monogâmica-patriarcal" é uma forma social em que há um excedente de repressão. Entretanto, concentra grande parte da sua atenção principalmente na repressão excedente no contexto do local de trabalho.

Para Marcuse, a emancipação está ligada à primazia do prazer, que ele diferencia categoricamente do hedonismo. A disciplina do trabalho moderno só é possível até o ponto em que o corpo é des-erotizado; se fosse permitido à libido escapar da repressão excedente, ela ameaçaria ou destruiria completamente essa disciplina. O hedonismo, afirma Marcuse em um de seus primeiros escritos, "incorpora um julgamento correto da sociedade". A busca do sensual golpeia o coração da repressão excedente e, por isso, tem um gume inerentemente crítico. Não obstante, o hedonismo é anárquico e só é emancipatório se estiver vinculado à verdade. A verdade, neste sentido, parece absolutamente distinta da concepção da "verdade" da sexualidade de Foucault: é o prazer realinhado a normas de felicidade e apreciação estética. Pois a felicidade – aqui Marcuse concorda com Platão – é o prazer "submetido ao critério da verdade".[11]

Em uma interessante passagem de *Civilisation and Its Discontents*, observa Marcuse, Freud relaciona o caráter repressivo da civilização não à sublimação dos instintos em si, mas à exclusividade dos relacionamentos sexuais. O "amor sexual", diz Freud, "é um relacionamento entre duas pessoas, em que uma terceira só pode ser supérflua ou perturbadora".[12] Um casal de apaixonados não tem interesse em mais ninguém; a civilização não pode tolerar isso, porque depende das relações entre grandes grupos de pessoas. Pode-se dizer que Freud reproduz aqui a objeção tradicional ao *amour passion*. Mas, como observa muito adequadamente Marcuse, o amor sexual pode ser liberador em um sentido duplo: quando associado ao respeito pelo outro como um igual, o amor destrói a estrutura da família monogâmica-patriarcal, mas é também definitivamente compatível com a cidadania social em um sentido mais amplo. O "Eros livre" não é apenas consistente com os "relacionamentos sociais civilizados duradouros", mas é a própria condição da sua existência.[13]

Marcuse constantemente usa Freud contra si mesmo para demonstrar que a interpretação freudiana das exigências psíquicas da modernidade é tão revolucionária quanto conservadora. Por isso, Freud diz que o narcisismo primário sobrevive na civilização moderna não apenas como uma neurose, mas como uma espécie de "realidade alternativa". Especialmente – embora não exclu-

---

11. Herbert Marcuse, "On hedonism", in *Negations*, London: Allen Lane, 1968.
12. Citado em Marcuse, *Eros and Civilisation*, p. 48.
13. Ibid., p. 49.

sivamente – em relação à sexualidade, o narcisismo pode gerar um sentimento oceânico de "unidade com o universo". O narcisismo, em geral compreendido (e aqui seria possível acrescentar, não apenas por Freud, mas por críticos culturais contemporâneos como Christopher Lash, assim como por Foucault em sua descrição do "culto californiano do eu") como uma adaptação defensiva ao mundo exterior por meio de um afastamento deste, revela um potencial para a transcendência. O narcisismo "pode se converter na fonte e no reservatório para uma nova catexia libidinal do mundo objetivo – transformando este mundo em um novo modo de ser".[14]

Marcuse difere muito de Reich em sua avaliação da natureza da sexualidade genital. Segundo Marcuse, Freud propôs que a excitação sexual da criança assume a forma de um erotismo corporal generalizado que mais tarde se centraliza nos genitais como um processo normal do desenvolvimento psicossexual. (Realmente, como foi observado no sétimo capítulo, Freud declarou que uma centralização na sexualidade genital é característica dos meninos; as meninas são forçadas a se "arranjar" com um erotismo mais difuso.) Na opinião de Marcuse, Freud não conseguiu perceber que a progressão para a sexualidade genital é uma restrição nas possibilidades de prazer impostas pela ordem social moderna. A "tirania genital" resulta do fato de que a libido tem sido despojada das partes do corpo necessárias à participação no trabalho industrial. Uma re-sexualização do corpo, juntamente com uma renovação do significado original do erotismo, que está ligado à apreciação estética, torna-se uma exigência para uma mudança revolucionária futura. Marcuse não endossa inteiramente a sexualidade plástica, mas em vez disso considera as "perversões", incluindo a homossexualidade, como críticas comportamentais ao regime da sexualidade genital. Elas assinalam os pontos de resistência à subjugação da atividade sexual à procriação.[15]

---

14. Ibid., p. 138.
15. Ibid., p. 164-66.

Para Marcuse, assim como para Freud, o instinto de morte não é uma força completamente destrutiva. A criatividade humana é consequência de uma fusão dos instintos de vida e de morte, e o problema da civilização moderna é que o instinto de morte ficou dissociado de sua necessária interação com a energia da libido. Tanatos ficou incorporado ao caráter mecânico e rígido da disciplina moderna, que vai além do local de trabalho. A destruição do trabalho alienado vai liberar repressão excedente e também reconectar o instinto de morte com as fontes de prazer sexual. A liberação do trabalho pesado permite a re-erotização não apenas do corpo, mas da natureza. Pois a preeminência da sexualidade genital está associada a uma perspectiva instrumental em relação ao ambiente natural. A "sublimação não repressiva" seria uma base para uma renovada harmonia com a natureza.[16]

Marcuse declara que uma cultura não repressiva – que sustente apenas a repressão básica – seria de certo modo regressiva, em um sentido psíquico. Seria um processo reversivo da civilização que é ao mesmo tempo uma destruição, um retorno para daí progredir. Liberado do "sexo", Eros tem habilidades para erigir culturas muito superiores àquelas encontradas na sociedade atual. No que se refere à teoria política, Charles Fourier tem mais a nos ensinar do que Marx. A cooperação prazerosa, baseada na *attraction passionée*, não o amor apaixonado, mas o florescimento de Eros no amor comunicativo e na amizade, iria se converter no meio dominante da sociabilidade. Citando Marcuse: "Com a transformação da sexualidade em Eros, os instintos de vida desenvolvem a sua ordem sensual, enquanto a razão se torna sensual até o ponto em que compreende e organiza a necessidade em termos da proteção e do enriquecimento dos instintos de vida... a razão repressiva dá lugar a uma nova *racionalidade de* gratificação, para onde convergem a razão e a felicidade".[17]

---

16. Herbert Marcuse, *One-Dimensional Man*, London: Allen Lane, 1972.
17. Marcuse, *Eros and Civilisation*, p. 179-80.

As possibilidades do radicalismo sexual

Uma fonte importante de dificuldade, para qualquer um que, como Reich e Marcuse, diz que a civilização moderna é inerentemente repressiva, é o próprio fascínio público pelo sexo, observado por Foucault. A maturação das instituições modernas não está associada à restrição crescente, mas à sua proeminência cada vez maior em quase toda parte. Marcuse estava consciente da questão e tinha uma resposta. Permissividade sexual não é absolutamente a mesma coisa que liberação. A transformação da sexualidade em mercadoria é universal, mas o erotismo fica quase completamente eliminado. Marcuse declara que o antagonismo com que a sexualidade era encarada nas fases iniciais do desenvolvimento do Ocidente é preferível à "liberdade sexual" que oculta a sua opressão sob uma falsa aparência de prazer. Anteriormente preservava-se uma consciência daquilo que era liberado; podemos parecer mais livres, mas na verdade estamos sendo submissos.

Quem defende hoje em dia as ideias de Reich e Marcuse? Muito poucos, e é interessante perguntar-se por quê. Seguindo Freud, mentor espiritual desses autores, Foucault poderia dizer que eles foram absorvidos pela hipótese repressiva. Eles acreditavam que as sociedades modernas dependem de um nível alto de repressão sexual, primeiramente constatado no vitorianismo. Estavam errados nesta suposição, e por isso o restante de suas ideias é suspeito. Mas pondo-se de lado a hipótese repressiva, a lacuna entre os pontos de vista de Reich e Marcuse e o de Foucault não é tão grande como se poderia pensar. Dessublimação repressiva não é um termo que Foucault utilizaria e é alheio ao seu pensamento; mas para ele, assim como para os outros, a permissividade da época atual é um fenômeno do poder, e não um caminho para a emancipação. "Talvez um dia", devaneia Foucault, "haja uma administração diferente dos corpos e dos prazeres".[18] Marcuse

---

18. Michel Foucault, *The History of Sexuality*, v. 1: *An Introduction*, Harmondsworth: Pelican, 1981, p. 159.

e Reich concordariam com isso, embora a visão de ambos de como isso poderia ocorrer fosse bem mais ampla que aquela que Foucault optou por elaborar.

Para entender as limitações (e também o que me parece ser a importância persistente) dos pontos de vista dos "radicais sexuais", temos de considerar outros pensadores, além de Foucault. Nos escritos de Reich e Marcuse, pouco é dito sobre o gênero ou sobre as mudanças que influenciam o desenvolvimento das relações amorosas na ordem social moderna. Reich escreveu bastante sobre o amor, assim como sobre a família patriarcal. Pelo menos nesse aspecto ele seguiu Freud, declarando que uma vida boa seria erigida em torno de "três pilares": amor, trabalho e conhecimento. Mas nem em sua obra nem na de Marcuse encontramos qualquer teoria sistemática do gênero e do amor como instâncias revolucionárias de influência. A sexualidade é, em geral, descrita como se fosse andrógena, um resultado direto de se seguir uma concepção da libido que é anônima em relação ao gênero. Marcuse simplesmente pareceu ignorar a análise de Freud dos diferentes caminhos do desenvolvimento psicossexual. Embora tanto Reich como Marcuse fossem defensores entusiastas do movimento das mulheres, nenhum dos dois elaborou em seus escritos uma interpretação do impacto das lutas das mulheres no ambiente doméstico ou em qualquer outra parte. A omissão de uma preocupação com o amor é um aspecto desconcertante da obra de Marcuse – embora uma reflexão rápida vá recordar ao leitor que tal ausência é característica de muitas versões da teoria social. Os problemas da modernidade, enfatizados por Marcuse na maior parte de sua obra, são essencialmente aqueles de um campo de ação dominado pelo sexo masculino. Supõe-se que o amor esteja, mais uma vez, "em algum lugar nos bastidores" como uma especificidade das mulheres, em que, na verdade, ele se transformou. No primeiro plano há apenas o mundo do trabalho remunerado, assumido como um empreendimento masculino. É de surpreender que os ônus da modernidade descritos por Marcuse estejam bem de acordo com a "masculinidade deteriorada", como foi interpretado por Goldberg e outros?

Marcuse não tem explicação para as origens da permissividade sexual que ele tão violentamente denuncia. E, ao que me parece, também não a tem Reich ou na verdade qualquer um que tenha como ponto de partida a teoria da civilização e da repressão de Freud, por mais que ela seja radicalizada. Radicalizar Freud significa mostrar que aquilo que ele chamava de características da civilização em geral são, na verdade, específicas da ordem moderna. Essa ordem é apresentada como muito mais monolítica, e resistente à mudança, do que na realidade o é. Se as instituições modernas de fato dependessem da repressão sexual, esta aumentaria, em vez de diminuir, com o progresso de seu desenvolvimento. Dizer que a "permissividade" é uma forma distorcida da sexualidade significa rotular um processo crescente de liberalização, mas não explica como ele poderia ter ocorrido. Além disso, esses pensadores não veem em tal liberalização um sinal de progresso; um crescimento na licenciosidade sexual não ameaça o edifício que nos sepulta em um sistema disciplinar extremamente envolvente.

Foucault tem como seu próprio ponto de partida a preocupação ocidental com o sexo e, além disso, lança dúvidas sobre a ideia da repressão. A preocupação com a sexualidade, incluindo a invenção da própria "sexualidade", é resultado do sucesso da vigilância como um meio de gerar poder. Tal poder estava, anteriormente, concentrado no corpo como máquina – aqui há toques de Max Weber e até de Marcuse – e, mais tarde, sobre os processos biológicos que afetam a reprodução, a saúde e a longevidade. As sociedades modernas não são baseadas, como ocorria com os sistemas pré-modernos, no poder de tirar a vida, mas no poder de desenvolvê-la, de "investir completamente na vida".[19] Pode-se dizer que a influência anterior assinala a aceitação de Foucault do asceticismo em que a vida social moderna está supostamente mergulhada. Segundo Foucault, o "contato entre a vida e a história", que representa o elemento secundário, é outra coisa. Durante milênios os seres humanos viveram sob o impacto da natureza. O ambiente natural

---

19. Ibid., p. 139-42.

dominava a atividade humana; o crescimento demográfico foi em grande parte dirigido pelos caprichos da natureza. Entretanto, por volta do século XVIII em diante esses processos ficaram cada vez mais sujeitos ao controle humano.

Segundo Foucault, o sexo tornou-se uma preocupação bastante preeminente, pois compunha o principal ponto de ligação entre duas influências sobre o desenvolvimento corporal: "era um meio de acesso tanto à vida do corpo quanto à vida das espécies". Por isso "a sexualidade era buscada nos menores detalhes das existências individuais; foi captada no comportamento, perseguida nos sonhos; suspeitou-se que ela fosse a base das menores loucuras e teve a sua trajetória remontada até os primeiros anos da infância".[20] O desdobramento da sexualidade como poder tornou o sexo um mistério, mas também, na opinião de Foucault, transformou o "sexo" em algo desejável, ao qual precisávamos nos engajar para estabelecer a nossa individualidade. Para Foucault, a crítica de Reich da repressão sexual era prisioneira daquilo que ela procurava liberar. O próprio fato de tantas mudanças terem ocorrido no comportamento sexual desde o século XIX, sem o acompanhamento das outras mudanças previstas por Reich, indica que esta luta "antirrepressiva" é parte do campo da sexualidade, não uma subversão dela.[21]

Mas o próprio ponto de vista de Foucault, já criticado no segundo capítulo, é insuficiente. O que ele chama de poder – aquele "poder" que misteriosamente realiza coisas por sua própria vontade – era, em alguns aspectos fundamentais, o poder do gênero. As mulheres é que foram des-energizadas, retiradas dos campos de luta fundamentais da modernidade, e tiveram negada a sua capacidade para o prazer sexual – exatamente ao mesmo tempo em que estavam começando a construir uma revolução infraestrutural. O amor, juntamente com aquele individualismo afetivo de que fala Lawrence Stone, estava no centro das mu-

---

20. Ibid., p. 146.
21. Ibid., p. 130-31.

danças na organização familiar e foi, também, importante nas outras transformações que afetam a vida íntima. Estas mudanças não se originaram com o Estado, ou do poder administrativo em um sentido mais geral. Se for aceito, como deve ser, que o poder é tanto distributivo quanto generativo, podemos dizer que elas derivaram não do poder, mas da falta de poder.

Foucault apresenta uma interpretação específica do motivo por que a forma restritiva do biopoder foi sucedida por sua forma mais dinâmica. A primeira foi dominada pela exigência de se criar uma força de trabalho complacente; a segunda correspondeu a uma fase posterior de desenvolvimento no século XX, em que o poder do trabalho não tinha mais de estar sujeito ao mesmo grau de controle direto. Uma vez superada essa transição, a sexualidade foi canalizada para uma diversidade de circuitos sociais, sendo quase totalmente difundida desse modo.

Esta ideia certamente não convence, ainda que se relacione apenas ao comportamento sexual considerado em seu sentido estrito, quanto mais se relacionada às mudanças que afetam de um modo mais geral os relacionamentos pessoais. Sugere que o nosso fascínio pelo sexo deriva da simples expansão da sexualidade como um fenômeno discursivo que penetra em áreas onde, anteriormente, ela estava ausente. Não acredito que o biopoder, como Foucault o descreve, explique as mudanças nas atitudes sexuais e as concepções descritas nos capítulos anteriores. Tais mudanças são, pelo menos em parte, o resultado de uma luta, sendo impossível negar que haja o envolvimento de elementos emancipatórios. Talvez não exatamente aquela emancipação considerada por Reich ou Marcuse, mas também não apenas uma briga com uma teia de aranha emaranhada, como propõe Foucault. As mulheres, em particular, conseguiram liberdades sexuais que, por mais parciais que ainda possam ser, são notáveis em comparação com algumas décadas atrás. Sejam quais forem as limitações e distorções a que se esteja sujeito, existe hoje um diálogo muito mais aberto sobre a sexualidade, em que virtualmente toda a população está envolvida, do que parecia concebível às gerações anteriores.

Repressão institucional e a questão da sexualidade

Em vista disso, repensemos a relação entre a sexualidade e o poder, partindo da asserção de que o poder, como tal, nada realiza. Os aspectos generativos do poder, assim como suas características distributivas, estão ligados a propriedades específicas da organização social, a atividades de grupos e indivíduos em determinada situação, bem como a vários contextos e modos de reflexividade institucional. A sexualidade não foi criada pelo "poder", do mesmo modo que a difusão da sexualidade, pelo menos em um caminho direto, não é o resultado da sua importância central para esse "poder".

Na minha opinião, não existe biopoder, pelo menos no sentido genérico em que Foucault o concebe. Em vez disso, podemos distinguir várias sequências de transformação organizacional e pessoal no desenvolvimento das sociedades modernas. O desenvolvimento administrativo das instituições modernas deveria ser separado da socialização da natureza e da reprodução – processos fundamentais e diretamente relacionados à sexualidade, mas não para serem analisados à maneira sugerida por Foucault. Estes, por sua vez, devem ser distinguidos do projeto reflexivo do eu e das inovações da vida pessoal a ele vinculadas.

Quanto ao impacto da vigilância, pode-se concordar com Foucault em que a sexualidade, como muitos outros aspectos da vida pessoal, foi completamente capturada, e reestruturada, na expansão dos sistemas do poder. As organizações modernas, incluindo o Estado, penetram nas atividades locais de modos desconhecidos nas culturas pré-modernas. Os discursos da ciência – incluindo a Ciência Social – têm-se enredado diretamente nesses processos. Mas, como foi anteriormente assinalado, a criação do poder administrativo é muito mais um fenômeno dialético do que admite Foucault. Os espaços para a mobilização e para o poder compensatório são produzidos pela própria expansão da vigilância. Uma sociedade de reflexividade institucional desenvolvida é uma sociedade altamente sobrecarregada, tornando possível a existência de formas de engajamento pessoal e coletivo que alteram muito substancialmente o domínio sexual.

Pode-se afirmar que o movimento característico da modernidade segue em direção à criação de sistemas internamente referenciais – ordens de atividade determinadas por princípios internos a si mesmos.[22] Algumas áreas distintas da vida social nas culturas pré-modernas tendem a ser dirigidas por influências "externas" (às vezes, determinadas como fenômenos assumidos pela tradição, mas incluindo também fatores biológicos e físicos). Entretanto, com o advento das instituições modernas, tornaram-se cada vez mais sujeitas à intervenção social. Assim sendo, a invenção do "desvio" socializou um conjunto heterogêneo de características externas, entre elas a pobreza, a vadiagem e a loucura, todas aquelas que um dia foram consideradas como parâmetros naturais da existência como "concedidos pela vontade de Deus". O desvio foi socialmente constituído e ao mesmo tempo separado das principais áreas da atividade social por meio de um processo de sequestro. Da mesma maneira, a doença e a morte, anteriormente "pontos-limite" da influência do biológico sobre o social, tornaram-se cada vez mais socializadas e dissimuladas.

A natureza e a sexualidade sequestradas vinculam-se de uma maneira crucial à socialização da reprodução. Embora a contracepção moderna seja a expressão tecnológica mais óbvia da reprodução como um sistema internamente referencial, ela não é o seu impulso original. Este tem a sua principal fonte na própria separação da reprodução das condições malthusianas mencionadas por Foucault.[23] Desde que o tamanho da família começa a ser cuidadosamente limitado – algo que se desenvolve principalmente no interior da própria família –, a reprodução começa a ser antes de tudo governada pelo desejo de criar filhos como um interesse autônomo. A invenção da infância e da ma-

---

22. Anthony Giddens, *Modernity and Self-Identity*, Cambridge: Polity, 1991, cap. 5 e *passim*.
23. Cf. Mitchell Dean, *The Constitution of Poverty*, London: Routledge, 1991.

ternidade tem aqui as suas origens. Enquanto o comportamento sexual estava ligado à reprodução e às gerações, a "sexualidade" não possuía existência independente. A atividade sexual era dividida entre uma orientação para a reprodução e a *ars erotica* – essa mesma divisão que classificava as mulheres em puras e impuras. Quanto mais o tempo de vida se converte em um referencial interno e quanto mais a autoidentidade é assumida como um esforço reflexivamente organizado, mais a sexualidade se converte em uma propriedade do indivíduo. Assim constituída, a sexualidade sai de cena, sequestrada tanto em um sentido físico quanto em um sentido social. Ela é agora um meio de criarem-se ligações com os outros tendo como base a intimidade, não mais se apoiando em uma ordem de parentesco imutável, mantida através das gerações. A paixão é secularizada, extraída do *amour passion* e reorganizada como a ideia do amor romântico; é privatizada e redefinida.

O que pode ser denominado "o sequestro da experiência"[24] é uma consequência do rompimento cada vez mais radical das instituições da modernidade com a tradição, e da crescente intrusão de seus sistemas de controle nos "limites externos" preexistentes da ação social. Tem como consequência a dissolução dos traços morais e éticos que relacionavam a atividade social à transcendência, à natureza e à reprodução. Na verdade, estes foram trocados pela segurança da rotina, oferecida pela vida social moderna. Uma sensação de segurança ontológica vem antes de mais nada da própria rotina; sempre que as rotinas estabelecidas são quebradas, o indivíduo fica moral e psicologicamente vulnerável. Considerando-se o que foi dito até agora, é claro que essa vulnerabilidade não é neutra no que diz respeito ao gênero.

O sequestro é uma forma de repressão, um "esquecimento", mas não presume uma carga de culpa sempre crescente. Em vez disso, mecanismos de vergonha, ligados ao projeto reflexivo do eu, se entrelaçam com aqueles que envolvem a ansiedade da culpa,

---

24. Ibid.

embora não os substituam inteiramente. Uma crescente propensão à experiência da vergonha – a sensação de que se é inútil, a vida é vazia e o corpo é um instrumento inadequado – segue a difusão dos sistemas internamente referenciais da modernidade. O projeto reflexivo do eu, que traz consigo tantas possibilidades de autonomia e felicidade, tem de ser assumido no contexto das rotinas muito desprovidas de conteúdo ético. A atividade sexual está propensa a ser acompanhada por aquele "vazio", aquela busca por uma sensação sempre ilusória de realização, que afeta ambos os sexos, embora de maneiras diferentes. Para muitos homens, esta é uma busca incansável para superar os sentimentos de inadequação que ferem tão profundamente o menininho que deve renunciar à sua mãe. Para as mulheres, muito mais importante é aquela "busca do romance" com o pai desejado, mas inacessível. Entretanto, em ambos os casos, há uma ânsia de amor.

A modernidade como uma obsessão

Deveríamos fazer uma pausa neste ponto para uma consideração do que poderia realmente significar a afirmação de que existe uma preocupação geral com a sexualidade na cultura moderna. Uma interpretação, um pouco à maneira de Marcuse, poderia considerar a transformação do sexo em mercadoria como o principal objeto em que essa preocupação é evidente. A sexualidade gera prazer; e o prazer, ou pelo menos a sua promessa, proporciona um incentivo para os produtos comercializados em uma sociedade capitalista. As imagens sexuais aparecem em quase toda parte no mercado como uma espécie de empreendimento comercial gigantesco; a transformação do sexo em mercadoria poderia então ser interpretada em termos de um movimento de uma ordem capitalista, dependente do trabalho, da disciplina e da autonegação, para uma ordem preocupada em incrementar o consumismo e, por isso, o hedonismo.

Entretanto, as limitações de uma tal ideia são por demais óbvias. Ela não explica por que a sexualidade deve ter a importância que tem; se o sexo é um complemento poderoso para o consumismo, deve ser porque já existe uma preocupação dirigida a ele. Além disso, há evidência de sobra de que a sexualidade é inquietante, perturbadora, cheia de tensões. O prazer é cercado por demasiadas tendências compensatórias para tornar plausível a ideia de que a sexualidade é o ponto central de uma sociedade de consumo hedonista.

Outro ponto de vista poderia ser extraído mais uma vez de Foucault. O sexo seria a nossa "verdade", o âmago de um princípio confessional generalizado da civilização moderna. Já sugeri razões por que este ponto de vista não funciona em nível da análise; considerado como uma característica descritiva da cultura moderna, ele é também absolutamente inconvincente. O pensamento de Freud foi imediatamente desafiado por outras terapias que questionavam a importância decisiva que ele atribuía ao sexo. A ideia do "sexo como verdade" fez com que alguns avançassem, mas dificilmente poderia ser dito que ele se tornou o princípio estimulante do pensamento moderno como um todo.

Uma terceira interpretação poderia apontar para o fenômeno do vício do sexo. A posição central da sexualidade nas sociedades modernas está indicada pelas qualidades compulsivas do comportamento sexual atual. Pode-se dizer que tal compulsão é evidente no vício difundido em pornografia, em revistas, filmes e outros meios obscenos, e na busca contínua de experiência sexual a que muitos se dedicam. Do ponto de vista descritivo, esta é a interpretação mais adequada, mas ainda temos de questionar quais são as origens desta situação, e considerar, também, como tal estado de coisas veio a ocorrer em uma sociedade supostamente baseada na repressão sexual.

Creio que esses enigmas podem ser resolvidos da seguinte maneira. A sexualidade foi sequestrada ou privatizada como parte dos processos em que a maternidade foi inventada e tornou-se um componente básico do domínio feminino. O sequestro da sexualidade ocorreu, em grande parte, mais como resultado da repressão social do que da repressão psicológica, e estava acima de tudo relacionado a dois fatores: o confinamento, ou a negação da resposta sexual feminina, e a aceitação generalizada da sexualidade masculina como não problemática. Esses desenvolvimentos foram reelaborações de antigas divisões entre os sexos, particularmente a distinção entre as mulheres puras e as impuras, mas foram remodelados em um novo formato institucional. Quanto mais a sexualidade desassociou-se da reprodução e integrou-se em um emergente projeto reflexivo do eu, mais este sistema institucional da repressão ficou sob tensão.

As mulheres ficaram encarregadas, *de facto*, da administração da transformação da intimidade que a modernidade colocou em andamento. O sistema da repressão institucional estava, desde o início, sujeito a tensões, devido à exclusão das mulheres da esfera pública. As pesquisas que os homens realizavam sobre a natureza das mulheres não eram apenas uma expressão da diferença sexual tradicional; eram investigações nas áreas não reconhecidas da autoidentidade e da intimidade, como sendo áreas reordenadas da vida social às quais os homens tinham pouco acesso. Por isso, a sexualidade tornou-se realmente uma questão bastante preocupante para ambos os sexos, embora de modos diferentes. Para as mulheres, o problema era fazer do amor um meio de comunicação e autodesenvolvimento – tanto em relação aos filhos quanto em relação aos homens. A reivindicação do prazer sexual feminino veio a se transformar em um elemento básico da reconstituição da intimidade, uma emancipação tão importante quanto qualquer outra buscada na esfera pública. Para os homens, a atividade sexual tornou-se compulsiva a ponto de ficar isolada dessas mudanças mais subterrâneas.

Emancipação sexual

Em seguida à obra de Foucault, foram propostas interpretações de emancipação sexual marcantemente diferentes daquelas de

Reich ou Marcuse. Em sua maioria, são variações sobre o tema da sexualidade plástica. Pode-se sugerir que a "justificativa biológica" para a heterossexualidade como sendo o "normal" foi destruída. O que costumava ser chamado de perversões são apenas expressões de como a sexualidade pode ser legitimamente revelada e a autoidentidade, definida. O reconhecimento de diversas tendências sexuais corresponde à aceitação de uma pluralidade de possíveis estilos de vida, o que vem a ser uma atitude política:

> Os pervertidos assumidos, aos quais de início foi concedido um espaço público cuidadosamente obscurecido, tornaram-se altamente expressivos em prol da própria causa. Não necessitavam mais da voz e da prosa literária de um Krafft-Ebing ou de um Havelock Ellis para se expressar, nem de se engajar na intrincada transferência e contratransferência de analista e analisado. Falavam por si mesmos em manifestações de rua e nos corredores, através de panfletos, jornais e livros, e pela semiótica de ambientes altamente sexualizados, com seus elaborados códigos de padrões, cores e roupas, nos meios de comunicação popular e nos detalhes mais materiais da vida doméstica.[25]

A abordagem do "pluralismo radical" é uma tentativa emancipatória que procura desenvolver indicadores para a escolha sexual, mas não faz qualquer afirmação de que estes representem princípios morais coerentes. O valor radical do pluralismo não deriva de seus efeitos de choque – pouca coisa atualmente nos choca –, mas do efeito de se reconhecer que a "sexualidade normal" é simplesmente um tipo de escolha de estilo de vida, entre outros. "Os sentimentos, as intenções e os significados subjetivos são elementos vitais na decisão dos méritos de uma atividade. O fator decisivo é uma consciência do contexto, da situação em que as escolhas são feitas.[26] Pluralismo sexual, declaram seus defensores, não significaria sucumbir à sexualidade, mas oferecer justamente aquilo que Foucault parece apresentar como uma possibilidade, uma superação do domínio que a sexualidade exerce sobre nossas vidas.

---

25. Jeffrey Weeks, *Sexuality and Its Discontents*, London: Routledge, 1985, p. 213.
26. Ibid., p. 219.

Entretanto, na forma como é colocado, esse programa é vago e qualquer interpretação de liberação sexual que enfatize apenas o fator da escolha enfrenta toda uma bateria de objeções. O significado e as potencialidades da emancipação sexual precisam ser compreendidos de um modo diferente, embora a aceitação da legitimidade da sexualidade plástica certamente componha parte da questão. Algumas observações provisórias poderiam ajudar neste momento. É improvável que algum ponto de vista que obrigue a energia da sexualidade a lutar contra as características disciplinares da ordem social seja de muito valor. Nem o é aquele que considera as formas de sexualidade mais excêntricas e não convencionais como uma vanguarda, e que vai combater as cidadelas da ortodoxia até que elas se rendam. Finalmente, se o caso é a adoção do pluralismo sexual, ele tem de oferecer algo mais que apenas uma espécie de cosmopolitanismo casual, em particular, se não se refere a outras questões intrínsecas à sexualidade, incluindo a diferença de gênero e a ética do relacionamento puro.

Se eu declarei que, hoje em dia, a sexualidade tem para nós a importância que de fato ela tem, não é devido a sua importância para os sistemas de controle da modernidade, mas por ser um ponto de conexão entre dois outros processos: o sequestro da experiência e a transformação da intimidade. A separação da sexualidade da reprodução e a socialização da reprodução desenvolvem-se como modos de conduta tradicionais, com toda a sua riqueza moral – e seus desequilíbrios do poder do gênero – sendo substituída pelas ordens internamente diferenciais da modernidade. Ao mesmo tempo, à medida que aquilo que costumava ser "natural" torna-se cada vez mais socializado, e em parte como um resultado direto dessa socialização, os domínios da atividade pessoal e da interação começam a ser fundamentalmente alterados. A sexualidade funciona como uma metáfora para estas mudanças e é o foco para a sua expressão, particularmente com respeito ao projeto reflexivo do eu.

O sequestro da experiência separa os indivíduos de alguns dos principais pontos de referência moral, através dos quais a vida social foi ordenada nas culturas pré-modernas. Nestas culturas, as relações com a natureza e com a sucessão das gerações eram coordenadas pelas formas tradicionais da prática e por códigos éticos de inspiração religiosa. A extensão dos sistemas internamente referenciais protege os indivíduos das questões perturbadoras levantadas pelos parâmetros existenciais da vida humana, mas deixa essas questões sem resposta. Pode-se sugerir que a sexualidade adquire a sua qualidade coercitiva, juntamente com a sua aura de excitação e perigo, do fato de nos colocar em contato com esses campos perdidos da experiência. Seu êxtase, ou a promessa deste êxtase, tem ecos da "paixão ética" que o simbolismo transcendental costumava inspirar – e é claro que o erotismo cultivado, distinto da sexualidade no serviço da reprodução, há muito tem sido associado à religiosidade.

Conclusão

Como já disse, atualmente poucos leem Reich ou Marcuse. Mas seus respectivos pontos de vista de uma ordem não repressiva retêm certa beleza e não está claro, de modo algum, que estes pontos de vista devam ser simplesmente consignados ao esquecimento. Como afirmavam os radicais sexuais, a sexualidade é um terreno fundamentalmente de luta política, além de ser também um meio de emancipação. Uma sociedade não repressiva, como enfatizam Reich e Marcuse, seria aquela em que a sexualidade estivesse cada vez mais libertada da compulsão. Por isso, a emancipação pressupõe autonomia de ação no contexto genérico da sexualidade plástica. Está separada da permissividade, na medida em que cria uma ética da vida pessoal que torna possível uma conjunção de felicidade, amor e respeito pelos outros.

Os radicais sexuais presumiam que, antes que pudéssemos sequer começar a contemplar tal estado de coisas, seria preciso uma ordem revolucionária dupla. A sociedade teria de sofrer uma completa convulsão, e seria também necessária uma grande mudança psíquica. Mas se, como sugeri, a repressão sexual tem sido acima de tudo uma questão de sequestro social associado ao poder do gênero, as coisas podem assumir uma posição um pouco diferente. Não temos necessidade de ficar esperando por uma revolução sociopolítica para a criação de mais programas de emancipação, nem tal revolução ajudaria muito. Processos revolucionários já estão ocorrendo na infraestrutura da vida pessoal. A transformação da intimidade reclama por mudança psíquica e também por mudança social, e essa mudança, partindo "de dentro para fora", poderia potencialmente se ramificar através de outras instituições, mais públicas.

A emancipação sexual, penso eu, pode ser o meio para se conseguir uma reorganização emocional mais abrangente da vida social. Entretanto, o significado concreto da emancipação neste contexto não é, como propunham os radicais sexuais, um conjunto substantivo de qualidades psíquicas ou formas de comportamento. Ela é mais efetivamente compreendida como uma forma de ação, como a possibilidade da *democratização radical* da vida pessoal. Não é apenas a sexualidade que está em jogo aqui. A democratização da vida pessoal como um potencial estende-se de um modo fundamental às relações de amizade e, crucialmente, às relações entre pais, filhos e outros parentes.

A INTIMIDADE COMO DEMOCRACIA

A democratização da esfera privada está atualmente não apenas na ordem do dia, mas é uma qualidade tácita de toda vida pessoal que está sob a égide do relacionamento puro. A promoção da democracia no domínio público foi, de início, primordialmente um projeto masculino – do qual as mulheres afinal conseguiram participar, sobretudo através da sua própria luta. A democratização da vida pessoal é um processo menos visível, em parte justamente por não ocorrer na área pública, mas suas implicações são também muito profundas. É um processo em que, de longe, as mulheres desempenharam o papel principal, ainda que no fim os benefícios alcançados, assim como na esfera pública, estejam abertos a todos.

O significado da democracia

Antes de tudo, poderia ser valioso considerar-se o que significa, ou pode significar, a democracia em seu sentido ortodoxo. Há muita discussão a respeito das características da representação democrática, e assim por diante, mas não vou me deter aqui nestas questões. Como mostrou David Held, se compararmos as várias abordagens à democracia política, a maior parte delas tem alguns elementos em comum.[1] Seu interesse é assegurar "relações livres e iguais" entre os indivíduos, para promover alguns resultados:

1. A criação de circunstâncias em que as pessoas possam desenvolver suas potencialidades e expressar suas diversas qualidades. Um objetivo-chave aqui é que cada indivíduo deve respeitar as habilidades dos outros e também a sua capacidade para aprender e aperfeiçoar as suas aptidões.

2. A proteção do uso arbitrário da autoridade política e do poder de coerção. Isto presume que, em certo sentido, as decisões possam ser negociadas pelos que foram afetados por elas, ainda que sejam tomadas por uma minoria em benefício de uma maioria.

3. O envolvimento dos indivíduos na determinação das condições de sua associação. Nesse caso, supõe-se que os indivíduos aceitem o caráter autêntico e lógico do julgamento dos outros.

4. Expansão da oportunidade econômica para o desenvolvimento dos recursos disponíveis – incluindo-se aqui a suposição de que quando os indivíduos são aliviados das cargas da necessidade física, ficam mais aptos para atingir os seus objetivos.

A ideia da autonomia vincula essas várias aspirações. Autonomia significa a capacidade de autorreflexão e autodeterminação dos indivíduos: "deliberar, julgar, escolher e agir diante de diferentes cursos de ação possíveis".[2] É claro que, neste sentido, a autonomia não poderia ser desenvolvida enquanto os direitos e as obrigações estivessem intimamente vinculados à tradição e a prerrogativas estabelecidas da propriedade. Entretanto, uma vez que essas fossem dissolvidas, um movimento em direção à autonomia tornava-se ao mesmo tempo possível e visto como necessário. É, virtualmente, característica de todas as inter-

---

1. Na primeira parte deste capítulo, acompanhei de perto o pensamento de Held. Ver David Held: *Models of Democracy*, Cambridge: Polity, 1986.
2. Ibid., p. 270.

pretações da democracia moderna uma preocupação opressiva com o modo como os indivíduos podem melhor determinar e regulamentar as condições de sua associação. As aspirações que compõem a tendência para a autonomia podem ser resumidas como um princípio geral, o "princípio da autonomia":

> os indivíduos devem ser livres e iguais na determinação das condições de suas próprias vidas; ou seja, devem desfrutar de direitos iguais (e, em consequência disso, de deveres iguais) na especificação da estrutura que gera e limita as oportunidades a eles disponíveis, desde que não desenvolvam esta estrutura para negar os direitos dos outros.[3]

Por essa razão, a democracia não implica apenas o direito a um autodesenvolvimento livre e igual, mas também a limitação constitucional do poder (distributivo). A "liberdade do forte" deve ser contida, mas isso não é uma negação de toda a autoridade – ou só se converte nisso no caso do anarquismo. A autoridade só se justifica até o ponto em que reconhece o princípio da autonomia; em outras palavras, até o ponto em que possam ser apresentadas razões defensáveis quanto aos motivos por que a condescendência aumenta a autonomia, seja agora ou no futuro. A autoridade constitucional pode ser compreendida como um contrato implícito que tem a mesma forma que as condições de associação explicitamente negociadas entre iguais.

Não é bom propor um princípio de autonomia sem dizer algo a respeito das condições de sua realização. Quais são essas condições? Uma delas é que deve haver igualdade na indução dos resultados na tomada de decisão – na esfera política, isto é em geral buscado pela regra "cada pessoa, um voto". As preferências expressas de cada indivíduo devem ter igual valor, estando sujeitas, em certos momentos, a qualificações tornadas necessárias pela existência da autoridade justificada. Deve haver também participação efetiva; deve-se proporcionar aos indivíduos os meios para que suas vozes sejam ouvidas.

---

3. Ibid., p. 271.

Deve ser providenciado um fórum para o debate aberto. Democracia significa discussão, a oportunidade para que a "força do melhor argumento" seja preponderante, em contraposição a outros modos de se tomar decisões (das quais as mais importantes são as decisões políticas). Quando necessário, uma ordem democrática proporciona arranjos institucionais para a mediação, a negociação e o cumprimento dos compromissos. A conduta da discussão aberta é em si um meio de educação democrática: a participação no debate com outros pode conduzir à emergência de uma cidadania mais esclarecida. De certa forma, tal consequência tem a sua origem em uma ampliação dos horizontes cognitivos do indivíduo. Mas também deriva de um reconhecimento da diversidade legítima – ou seja, do pluralismo – e da educação emocional. Um colaborador do diálogo, politicamente educado, é capaz de canalizar as suas emoções de uma maneira positiva: argumentar pela convicção, em vez de se engajar em pensamentos maldosos, através da polêmica ou de violentas críticas emocionais.

A responsabilidade pública é outra característica básica de uma política democrática. Em qualquer sistema político, as decisões devem ser frequentemente tomadas em benefício de outros. O debate público em geral só é possível em relação a algumas questões ou em determinados momentos. No entanto, as decisões tomadas ou as políticas planejadas devem, se necessário, ser abertas ao escrutínio público. A responsabilidade jamais deve ser contínua e, por isso, estar atrelada à confiança. A confiança, que se origina da responsabilidade e da abertura, e também as protege, é um fio que atravessa toda a ordem política democrática. É um componente crucial da legitimidade política.

Institucionalizar o princípio da autonomia significa especificar direitos e deveres que devem ser substantivos, e não apenas formais. Os direitos especificam os privilégios que acompanham a participação na comunidade organizada, mas também indicam os deveres que os indivíduos têm *vis-à-vis* um com o outro e com a própria ordem política. Os direitos são essencialmente formas de autorização; são instrumentos de habilitação. Os deveres especificam o preço a ser pago pelos direitos conferidos. Em uma comunidade democrática organizada, os direitos e os deveres são negociados e nunca podem ser simplesmente presumidos – nesse aspecto, diferem decisivamente, por exemplo, do *droit de seigneur* medieval ou de outros direitos estabelecidos simplesmente em virtude da posição social de um indivíduo. Por isso, os direitos e deveres têm de ser um foco de atenção reflexiva contínua.

Deve ser enfatizado que a democracia não necessita de uniformidade, como frequentemente têm declarado os seus críticos. Ela não é inimiga do pluralismo. Mais que isso, como já foi sugerido, o princípio da autonomia estimula a diferença – embora insista em que a diferença não deva ser penalizada. A democracia é inimiga do privilégio, quando este é definido como a manutenção de direitos ou bens aos quais o acesso não é fácil nem igual para todos os membros da comunidade. Uma ordem democrática não implica um processo genérico de "nivelar por baixo", mas em vez disso promove a elaboração da individualidade.

Os ideais não são a realidade. Até que ponto qualquer ordem política concreta poderia desenvolver uma tal estrutura, é problemático. Nesse sentido, há elementos utópicos nessas ideias. Por outro lado, poderia também ser discutido que a tendência característica do desenvolvimento das sociedades modernas está voltada para a sua realização. Em outras palavras, a qualidade do utopismo está equilibrada por um componente claro de realismo.[4]

A democratização da vida pessoal

A possibilidade da intimidade significa a promessa da democracia: este foi o tema por mim sugerido nos capítulos anteriores. (O leitor poderia neste ponto voltar à discussão das páginas

---

4. Anthony Giddens, *The Consequences of Modernity*, Cambridge: Polity, 1990, p. 154-8. (Editado no Brasil pela Editora UNESP, em 1992, com o título *As Consequências da Modernidade*.)

106-109.) A fonte estrutural dessa promessa é a emergência do relacionamento puro, não apenas na área da sexualidade, mas também naquelas das relações pais-filhos, e em outras formas de parentesco e amizade. Podemos vislumbrar o desenvolvimento de uma estrutura ética para uma ordem pessoal democrática, que nos relacionamentos sexuais e em outros domínios pessoais se adaptam a um modelo de amor confluente.

Assim como na esfera pública, a distância entre os ideais e a realidade é considerável. Como foi dito nos capítulos anteriores, particularmente no terreno das relações heterossexuais há profundas fontes de tensão. Colocam-se no caminho profundas diferenças psicológicas, e também econômicas, entre os sexos. Mas aqui o utopismo pode mais uma vez ser prontamente compensado pelo realismo. As mudanças que ajudaram a transformar os ambientes da ação pessoal já estão bem avançadas, tendendo para a realização das qualidades democráticas.

O princípio da autonomia proporciona a linha direcionadora e o componente substantivo mais importante desses processos. No terreno da vida pessoal, autonomia significa a realização bem-sucedida do projeto reflexivo do eu – a condição de se relacionar com outras pessoas de um modo igualitário. O projeto reflexivo do eu deve ser desenvolvido de maneira a permitir autonomia em relação ao passado, este por sua vez facilitando uma colonização do futuro. Assim concebida, a autonomia permite aquele respeito pelas capacidades do outro, intrínseco a uma ordem democrática. O indivíduo autônomo é capaz de tratar os outros dessa forma e reconhecer que o desenvolvimento de suas potencialidades separadas não é uma ameaça. A autonomia também ajuda a configurar os limites pessoais necessários à administração bem-sucedida dos relacionamentos. Tais limites são transgredidos quando uma pessoa usa outra como um meio de representar antigas disposições psicológicas, ou quando é desenvolvida uma compulsividade recíproca, como no caso da codependência.

A segunda e a terceira condições da democracia na esfera pública, acima referidas, relacionam-se muito diretamente à democratização da vida pessoal. Os relacionamentos violentos e abusivos são comuns no terreno sexual e entre adultos e crianças. A maior parte dessa violência vem dos homens e é dirigida a seres mais fracos do que eles próprios. Como um ideal emancipatório da democracia, a proibição da violência é de importância básica. Entretanto, atitudes coercivas nos relacionamentos podem obviamente assumir outras formas além da violência física. Os indivíduos podem estar propensos, por exemplo, a abusar emocional ou verbalmente de outra pessoa; como diz o ditado, o casamento é um substituto medíocre do respeito. Talvez o aspecto mais difícil da equalização do poder no relacionamento seja evitar-se o abuso emocional; mas o princípio direcionador é evidentemente o respeito pelo ponto de vista independente e pelos traços pessoais do outro. Segundo um guia para a intimidade: "Sem respeito, os ouvidos ficam surdos, as atitudes ficam amarguradas e finalmente você não pode conceber o que está fazendo, vivendo com alguém tão incompetente, estúpido, irresponsável, insensível, feio, malcheiroso, relaxado... Antes de tudo, faz você ficar pensando em por que escolheu aquele parceiro. 'Eu devia estar fora de mim'".[5]

"O envolvimento dos indivíduos na determinação das condições de sua associação" – esta declaração exemplifica os ideais do relacionamento puro. Expressa uma diferença fundamental entre o casamento tradicional e o atual, chegando ao cerne das possibilidades democratizantes da transformação da intimidade. Aplica-se, é claro, não apenas à iniciação de um relacionamento, mas à reflexividade inerente à sua continuação – ou à sua dissolução. Para que esse padrão seja satisfeito, é necessário não somente o respeito pelo outro, mas uma abertura em relação a essa pessoa. Um indivíduo cujas verdadeiras intenções são ocultas de um parceiro não pode oferecer as qualidades necessárias à determinação cooperativa das condições do relacionamento. Todo e qualquer texto terapêutico sobre a questão dos relacionamentos vai demons-

---

5. C. Edward Crowther, *Intimacy. Strategies for Successful Relationships*, New York: Dell, 1988, p. 45.

trar por que a revelação para o outro – mais como um meio de comunicação do que como um esvaziamento emocional – é uma aspiração obrigatória da interação democraticamente ordenada.

Direitos e deveres: como temos tentado deixar claro, de algum modo esses direitos e deveres definem o que realmente é a intimidade. A intimidade não deve ser compreendida como uma descrição interacional, mas como um aglomerado de prerrogativas e de responsabilidades que definem os planejamentos da atividade prática. A importância dos direitos como meios para se chegar à intimidade pode facilmente ser percebida a partir da luta das mulheres para atingir uma posição de igualdade no casamento. O direito das mulheres de tomar a iniciativa do divórcio, por exemplo, o que parece apenas uma sanção negativa, na verdade tem um importante efeito de equilíbrio. Suas consequências compensadoras vão além de autorizar a saída de um relacionamento opressivo, por mais importante que ele seja. Elas limitam a capacidade do marido de impor o seu domínio e por isso contribuem para a transformação do poder coercivo em comunicação igualitária.

Não há direitos sem deveres – esse preceito elementar de democracia política aplica-se também ao reino do relacionamento puro. Os direitos só ajudam a destruir o poder arbitrário na medida em que assumem responsabilidades em relação ao outro, que colocam os privilégios em equilíbrio com os deveres. Nos relacionamentos, como em toda parte, os deveres devem ser tratados como passíveis de serem revistos à luz das negociações realizadas em seu interior.

E quanto à responsabilidade e à sua relação com a autoridade? Nos relacionamentos puros, tanto a responsabilidade quanto a autoridade – onde ela existe – estão profundamente vinculadas à confiança. A confiança sem responsabilidade pode tornar-se unilateral, ou seja, cair na dependência; a responsabilidade sem confiança é impossível, porque significaria o escrutínio contínuo dos motivos e das ações do outro. A confiança implica a confiabilidade do outro – conferindo um "crédito" que não requer uma verificação contínua, mas que, se necessário, pode ser aberto periodicamente para uma inspeção. Ser considerado confiável por um parceiro é um reconhecimento de integridade pessoal, mas em um ambiente igualitário tal integridade significa também revelar, quando solicitado, os motivos para as ações – e na verdade ter boas razões para quaisquer ações que afetem a vida do outro. Nos relacionamentos puros entre adultos, a autoridade existe como uma "especialização" – quando uma pessoa desenvolveu habilidades específicas que o outro não possui. Aqui não se pode falar de autoridade sobre o outro, no mesmo sentido em que nas relações pais-filhos, particularmente se estão envolvidas crianças muito pequenas. Pode ser democrático um relacionamento entre pai/mãe e uma criança pequena? Pode, e deve, exatamente no mesmo sentido que em uma ordem política democrática.[6] Em outras palavras, é direito da criança ser tratada como um suposto igual do adulto. As ações que não podem ser negociadas diretamente com uma criança, porque ele ou ela é pequena demais para apreender o que está envolvido, devem ser capazes de uma justificativa contrafactual. A suposição é de que o acordo seja cumprido, e a confiança mantida, se a criança for suficientemente independente para ser capaz de expor seus argumentos em uma base de igualdade em relação ao adulto.

Mecanismos

Na esfera política, a democracia envolve a criação de uma constituição e, normalmente, um fórum para o debate público das questões políticas. Quais são os mecanismos equivalentes no contexto do relacionamento puro? No que se refere aos relacionamentos heterossexuais, o contrato de casamento costumava ser uma carta de direitos, que formalizava essencialmente a

---

6. Allison James e Alan Prout, *Constructing and Reconstructing Childhood*, Basingstoke: Falmer, 1990. O "novo paradigma" que James e Prout sugerem para o estudo da infância está intimamente relacionado às ideias aqui desenvolvidas.

natureza "separada, mas desigual" do vínculo. A transformação do casamento em um significante de compromisso, em vez de um determinante dele, altera radicalmente essa situação. Todos os relacionamentos que se aproximam da forma pura mantêm um "contrato móvel", para o qual ambos os parceiros podem apelar. O contrato móvel é um instrumento constitucional que cria a base da discussão aberta por parte dos parceiros sobre a natureza do relacionamento, mas que também está aberto à negociação.

Eis aqui uma lista de regras, extraída de um manual de autoajuda destinado a auxiliar as mulheres a desenvolver relacionamentos heterossexuais mais satisfatórios. O autor sugere que a mulher deveria antes de tudo catalogar os problemas que enfrentou em seus relacionamentos anteriores – aqueles que ela considera principalmente como provocados por sua própria conduta, e aqueles perpetrados por seus amantes anteriores. Deveria compartilhar a lista de regras com o seu parceiro, que por sua vez deveria desenvolver um conjunto de regras convergente:

Regra 1: Quando eu me perceber tentando impressionar um homem de quem gosto, falando tanto a meu respeito que não chego a fazer-lhe nenhuma pergunta, vou parar de representar e avaliar se ele é o homem certo para mim.

Regra 2: Vou expressar meus sentimentos negativos assim que me tornar consciente deles, em vez de esperar que eles se desenvolvam – mesmo que isto signifique perturbar o meu parceiro.

Regra 3: Vou trabalhar na recuperação do meu relacionamento com o meu ex-marido, verificando o quanto eu me permiti ser ferida, e não vou falar a seu respeito como se eu fosse a vítima e ele o vilão.

Regra 4: Quando meus sentimentos forem feridos, vou dizer ao meu parceiro como estou me sentindo, em vez de ficar amuada, impassível, fingindo que eu não me importei ou agindo como uma menininha.

Regra 5: Quando eu me perceber suprindo as lacunas [áreas "mortas" do relacionamento], vou parar e me perguntar se o meu parceiro se afastou de mim ultimamente. Se isto ocorreu, vou solicitar dele o que eu preciso, em vez de fazer as coisas sozinha.

Regra 6: Quando eu me perceber dando conselhos não solicitados ou tratando o meu parceiro como um menininho, vou parar, respirar fundo e deixar que ele se arranje sozinho, a menos que ele peça ajuda.[7]

À primeira vista, esta lista parece não apenas embaraçosamente simples, mas também absolutamente contraproducente. Pois, como nos convenceu Wittgenstein, estabelecer as regras como regras altera a sua natureza. Pode ser argumentado que a explicitação de tais prescrições poderia extrair delas toda a chance de terem um efeito positivo, uma vez que um relacionamento só poderia prosseguir harmoniosamente se elas fossem tacitamente assumidas. Mas creio que tal ponto de vista deixaria escapar o principal. O poder diferencial, que está sedimentado na vida social, pode permanecer inalterado se os indivíduos se recusarem reflexivamente a examinar a sua própria conduta e as suas justificações implícitas. Tais regras, por mais simples que possam parecer, se aplicadas com sucesso ajudariam a avaliar as ações do indivíduo, longe de um jogo de poder inconscientemente organizado. Em princípio, servem para gerar uma maior autonomia e ao mesmo tempo exigem respeito por parte do outro.

Um contrato móvel não lida com absolutos éticos. Este deriva de uma "lista de problemas de relacionamento" específica em que havia previamente "negativas". O indivíduo em questão percebe que ela tem estado excessivamente preocupada em impressionar os homens pelos quais estava interessada, temerosa de perturbar o parceiro revelando seus medos e necessidades, inclinada a protegê-lo e assim por diante. Uma "constituição" desse tipo, é claro, só é democrática se estiver integrada aos outros elementos acima mencionados; tem de refletir um encontro de pessoas independentes e iguais.

O imperativo da comunicação livre e aberta é o *sine qua non* do relacionamento puro; o relacionamento é o seu próprio

---

7. Barbara De Angelis, *Secrets About Men Every Woman Should Know*, London: Thorsons, 1990, p. 274.

fórum. Nesse ponto, fechamos todo o círculo. A autonomia própria, o rompimento com a compulsividade, é a condição do diálogo aberto com o outro. Esse diálogo, por sua vez, é o meio de expressão das necessidades do indivíduo, assim como o meio pelo qual o relacionamento é reflexivamente organizado.

A democracia é entediante, o sexo é excitante – embora talvez alguns poucos possam dizer o contrário. Como as normas democráticas apoiam a experiência sexual em si? Esta é a essência da questão da emancipação sexual. Essencialmente, essas normas separam a sexualidade do poder distributivo, acima de tudo, do poder do falo. A democratização implícita na transformação da intimidade inclui, mas também transcende, o "pluralismo radical". Nenhum limite é colocado à atividade, salvo aqueles ocasionados pela generalização do princípio da autonomia e pelas normas negociadas do relacionamento puro. A emancipação sexual consiste na integração da sexualidade plástica com o projeto reflexivo do eu. Assim, por exemplo, não é feita necessariamente qualquer proibição à sexualidade episódica enquanto o princípio da autonomia, e outras normas democráticas associadas, for mantido de todos os lados. Entretanto, se essa sexualidade for usada como um modo de dominação exploradora, secretamente ou de outra maneira qualquer, ou expressando uma compulsão, não conseguirá atingir o ideal emancipatório.

A democracia política implica que os indivíduos tenham recursos suficientes para participar, de uma maneira autônoma, do processo democrático. O mesmo se aplica ao terreno do relacionamento puro, embora, como acontece na ordem política, seja importante evitar um reducionismo econômico. As aspirações democráticas não significam necessariamente igualdade de recursos, mas tendem claramente nessa direção. Não envolvem a inclusão de recursos na carta de direitos reflexivamente negociada como uma parte definidora do relacionamento. A importância desse preceito nos relacionamentos heterossexuais é muito óbvia, dado o desequilíbrio nos recursos econômicos disponíveis a homens e mulheres e nas responsabilidades em relação ao cuidado dos filhos e ao trabalho doméstico. O modelo democrático presume igualdade nessas áreas: o objetivo, no entanto, não seria necessariamente uma paridade completa, mas pelo menos um arranjo equitativo, negociado segundo o princípio da autonomia. Seria negociado certo equilíbrio das tarefas e das compensações, que ambas as partes considerassem aceitável. Poderia ser estabelecida uma divisão de trabalho, mas não uma divisão simplesmente herdada de critérios preestabelecidos ou imposta por recursos econômicos desiguais conduzidos para o relacionamento.

Há condições estruturais na sociedade mais ampla que penetram no coração dos relacionamentos puros; inversamente, a maneira como tais relacionamentos são ordenados tem consequências para a ordem social mais ampla. A democratização no terreno público, não somente em relação ao Estado-nação, promove as condições essenciais para a democratização dos relacionamentos pessoais. Mas o inverso também se aplica. O avanço da autonomia própria no contexto dos relacionamentos puros é cheio de implicações para a prática democrática na comunidade mais ampla.

Num plano mais amplo, existe uma simetria entre a democratização da vida pessoal e as possibilidades democráticas na ordem política global. Consideremos a distinção entre a troca de posições e a negociação baseada em princípios, presente hoje na análise das estratégias e dos conflitos globais. Na troca de posições – que pode ser comparada a um relacionamento pessoal em que não existe intimidade – cada lado se aproxima da negociação assumindo uma posição extrema. Por ameaças mútuas e atritos, um lado ou outro é vencido e chega-se a um resultado – se o processo da negociação ainda não tiver se desintegrado completamente. As relações globais regulamentadas de uma maneira mais democrática poderiam deslocar-se em direção a uma negociação baseada em princípios. Aqui, a interação das partes começa por uma tentativa de descobrir as preocupações e os interesses subjacentes um ao outro, identificando uma variedade de possíveis opções antes de restringir algumas delas. O problema a ser resolvido está separado do antagonismo para com o outro, de forma que é possível ser firme sobre a substância da negociação, embora apoiando e respeitando a outra parte.

Em resumo, assim como na esfera pessoal, a diferença pode se transformar em um meio de comunicação.

Sexualidade, emancipação, política de vida

Ninguém sabe se de modo global vai-se desenvolver uma estrutura de instituições democráticas ou se, alternativamente, a política mundial vai cair em um processo de destruição que poderia ameaçar todo o planeta. Ninguém sabe se os relacionamentos sexuais vão se tornar uma vasta área de ligações instáveis, marcadas tanto por antipatia emocional quanto por amor, e maculadas pela violência. Em cada caso há terrenos propícios para o otimismo, mas em uma cultura que desistiu do providencialismo, os futuros têm de ser planejados em contraposição a uma experiência de risco reconhecido. A natureza aberta do projeto global da modernidade tem um correlato real no resultado incerto das experiências sociais do cotidiano, que são o tema deste livro.

O que pode ser dito com alguma certeza é que a democracia não é o bastante. A política emancipatória é uma política de sistemas internamente referenciais de modernidade; está orientada para controlar o poder distributivo e não pode confrontar o poder em seu aspecto generativo. Deixa de lado a maior parte das questões colocadas pelo sequestro da experiência. A sexualidade tem essa enorme importância na civilização moderna por ser um ponto de contato com tudo aquilo a que se tem renunciado em prol da segurança técnica que a vida cotidiana oferece. Sua associação com a morte tem-se tornado para nós tão bizarra e quase inacreditável quanto parece óbvio o seu envolvimento com a vida. A sexualidade ficou aprisionada no interior de uma busca por autoidentidade que a própria atividade sexual só pode satisfazer momentaneamente. *"Lay your sleeping head, my love/ Human on my faithless arm"*:[8] grande parte da sexualidade é amor

---

8. "Deita a tua cabeça adormecida, meu amor/Humana em meu braço incrédulo."

frustrado, condenado infinitamente a procurar a diferença na igualdade da anatomia e da resposta física.

Na tensão entre a privatização da paixão e a saturação do domínio público devido à sexualidade, assim como em alguns dos conflitos que hoje dividem homens e mulheres, podemos observar novos programas políticos. Particularmente em suas relações com o gênero, a sexualidade deu origem à política do individual, uma expressão mal-interpretada se estiver vinculada apenas à emancipação. De preferência, o que deveríamos chamar de política de vida[9] é uma política de estilo de vida, operando no contexto da reflexividade institucional. Ela não se destina a "politizar", em um sentido estrito do termo, as decisões de estilo de vida, mas a remoralizá-las – colocando de maneira mais exata, trazer à tona aquelas questões morais e existenciais afastadas da vida cotidiana pelo sequestro da experiência. São questões que fundem filosofia abstrata, ideias éticas e preocupações muito práticas.

O âmbito da política de vida cobre vários conjuntos de questões parcialmente distintos. Um deles é o da própria autoidentidade. Na medida em que está centralizado no tempo de vida, considerado como um sistema internamente referencial, o projeto reflexivo do eu está orientado apenas para o controle. Não tem outra moralidade além daquela da autenticidade, uma versão moderna da velha máxima "sê sincero contigo mesmo". Atualmente, no entanto, dado o descuido da tradição, a pergunta "Quem serei eu?" está intricadamente ligada a "Como eu deverei viver?". Muitas questões se apresentam aqui, mas no que diz respeito à sexualidade, a mais óbvia é a da identidade sexual.

Uma consideração possível é que quanto maior o nível de igualdade alcançado entre os sexos, mais as formas preexistentes de masculinidade e feminilidade estão propensas a convergir para algum tipo de modelo andrógeno. Dado o restabelecimento da diferença na política sexual atual, as coisas podem ou não

---

9. Anthony Giddens, *Modernity and Self-Identity*, Cambridge: Polity, 1991, cap. 7.

ocorrer dessa forma; mas, seja como for, isso está desprovido de significado, a menos que tentemos especificar o conteúdo da androgenia, que é uma questão de decisão quanto a valores. Os dilemas assim criados ficaram ocultos enquanto a identidade sexual parecia estar estruturada em termos da diferença sexual. Um código binário de homem e mulher, que não admite virtualmente nenhuma circunstância de mediação, associou gênero a sexo, como se fossem a mesma coisa. As atribuições do gênero eram determinadas da seguinte maneira:

1. Tomava-se como certo que todo indivíduo era homem ou mulher, sem ninguém "no meio".
2. As características físicas e os traços de comportamento dos indivíduos eram interpretados como masculinos ou femininos, segundo um esquema de gênero dominante.
3. Os papéis dos gêneros eram rotineiramente ponderados e estabelecidos, dentro dos limites dos padrões de comportamento permissíveis das situações dos gêneros.
4. As diferenças entre os gêneros assim constituídas e reconstituídas eram destinadas a concretizar as identidades sexuais, purificando-se os elementos de "gênero cruzado".
5. Os protagonistas controlavam o seu próprio desempenho e comportamento, de acordo com a identidade sexual "naturalmente concedida".[10]

A força com que essas influências são ainda sentidas é indicada pelo fato de que o travestismo masculino é muito comumente estigmatizado, ainda que não seja mais considerado na literatura psiquiátrica como uma perversão. Mais interessante, devido a sua maior ambiguidade, é o caso das mulheres que têm ou que cultivaram a aparência masculina. As normas atuais de aparência, conduta e vestuário nas sociedades modernas permitem às mulheres uma similaridade maior com os homens nesses aspectos do que é normalmente tolerado para estes. Mas o dualismo tende

---

10. Holly Devor, *Gender Bending. Confronting the Limits of Duality*, Bloomington: Indiana University Press, 1989, p. 147-9.

a ser imposto: se a pessoa não é "realmente" um homem, então deve ser uma mulher. As mulheres que se recusam a parecer "femininas" veem-se constantemente molestadas:

> Não uso vestidos, maquilagem, nem carrego bolsinhas ou ajo de modo mais feminino. Meu namorado disse que é por isso que estou sendo molestada pelas pessoas, e sei que é, mas eu me recuso a fazer essas coisas. Não me sentiria confortável usando um vestido. Não poderia estar sentada como estou agora. Como também andar de certa maneira. E a maquilagem é um saco![11]

Uma combinação de energia de gênero desequilibrada e disposições psicológicas inculcadas mantém as divisões dualísticas de sexo bem firmemente determinadas; mas, em princípio, as coisas poderiam ser organizadas de maneira muito diferente. À medida que a anatomia deixa de ser destino, a identidade sexual cada vez mais se torna uma questão de estilo de vida. As diferenças entre os sexos continuarão, pelo menos no futuro próximo, a ser vinculadas ao mecanismo da reprodução das espécies; mas não há mais qualquer razão para que elas se submetam a uma ruptura drástica no comportamento e nas atitudes. A identidade sexual poderia ser formada pelas diversas configurações de traços relacionando a aparência, a conduta e o comportamento. A questão da androgenia seria estabelecida em termos do que poderia ser justificado como uma conduta desejável – e nada mais.

A questão da identidade sexual é uma questão que demanda discussão prolongada. Entretanto, parece muito provável que um elemento poderia ser o que John Stoltenberg chamou de "recusa em ser homem".[12] Recusar a masculinidade não é o mesmo que abraçar a feminilidade. É mais uma vez uma tarefa de construção ética, que relaciona, não apenas a identidade sexual, mas a autoidentidade de uma maneira mais ampla, à preocupação moral

---

11. Ibid., p. 128.
12. John Stoltenberg, *Refusing to be a Man*, London: Fontana, 1990.

com a proteção dos outros. O pênis existe; o sexo masculino é apenas o falo, o centro da individualidade na masculinidade. É provável que a ideia de que há crenças e ações que são corretas para um homem e erradas para uma mulher, ou vice-versa, seja derrubada com a progressiva retração do falo no pênis. Com o desenvolvimento das sociedades modernas, o controle dos mundos social e natural – o domínio masculino – ficou centralizado na "razão". Assim como a razão, guiada pela investigação disciplinada, foi separada da tradição e do dogma, também foi separada da emoção. Como eu já disse, isso não presumia tanto um processo psicológico maciço de repressão quanto uma divisão institucional entre razão e emoção, divisão esta que seguia de perto as linhas dos gêneros. A identificação das mulheres com a irracionalidade, seja em uma tendência séria (loucura) ou de um modo supostamente menos consequente (as mulheres como criaturas caprichosas), transformou-as em suboperárias emocionais da modernidade. Ao longo do caminho, a emoção, e as formas de relação social por ela inspiradas – tanto o ódio quanto o amor – passaram a ser vistas como refratárias a considerações éticas. A razão desvia-se da ética devido à dificuldade de se encontrar argumentos empíricos para justificar as convicções morais; entretanto, também faz isso porque os julgamentos morais e os sentimentos emocionais são considerados opostos. Loucura e capricho – não precisa muito esforço para perceber o quanto são estranhos aos imperativos morais.

Freud redescobriu a emoção – através de suas interpretações da psicologia feminina –, mas em seu pensamento ela permaneceu ligada aos ditames da razão, por mais que se demonstrasse que a cognição era influenciada pelas forças subterrâneas do inconsciente. "Nada perturba tanto o sentimento... quanto o pensamento": a emoção permanece sendo o outro lado da razão, com o seu poder causal aumentado. Não é estabelecida qualquer conexão entre a emoção e a ética; talvez elas estejam ainda mais separadas, pois o tema "onde o id estava, o ego deverá ficar" sugere que a esfera do racional pode ser substancialmente expandida. Por isso, se existem imperativos éticos, estes devem ser encontrados no domínio público; mas aí fica difícil demonstrar a sua validade, e eles permanecem vulneráveis ao poder.

O amor apaixonado era originalmente uma dentre outras paixões, cuja interpretação tendia a ser influenciada pela religião. A maior parte das disposições emocionais podem ser paixões, mas na sociedade moderna a paixão foi canalizada para o reino sexual e, uma vez aí, tornou-se cada vez mais silenciosa em sua expressão. Uma paixão é hoje algo admitido apenas de forma relutante ou embaraçada, mesmo com respeito ao próprio comportamento sexual, em parte porque o seu lugar como uma "força compelativa" foi usurpado pelo vício.

Não há lugar para a paixão nos ambientes rotinizados que nos proporcionam segurança na vida social moderna. Mas quem pode viver sem paixão, se a encaramos como a energia motriz da convicção? A emoção e a motivação estão inerentemente conectadas. Atualmente consideramos a motivação "racional" – a busca dirigida do lucro por parte do empresário, por exemplo –, mas se a emoção for completamente resistente à determinação racional e ao julgamento ético, os motivos nunca poderão ser avaliados, exceto como meios para se chegar aos fins, ou em termos de suas consequências. Foi isso que Weber observou, interpretando os motivos dos primeiros adeptos do industrialismo como sendo energizados pela convicção religiosa. Entretanto, assim fazendo, Weber assumiu tacitamente, e até elevou ao *status* de uma epistemologia, o que é distintamente problemático em relação à modernidade: a impossibilidade de se avaliar a emoção.

Considerado como uma questão de política de vida, o problema das emoções não é um problema de paixão recuperada, mas do desenvolvimento de uma orientação ética para se avaliar ou justificar a convicção. O terapeuta diz: "Entre em contato com os seus sentimentos". Mas nesse aspecto a terapia é conivente com a modernidade. O preceito subjacente é "Avalie os seus sentimentos", e tal exigência não pode ser apenas uma questão de abordagem psicológica. As emoções não são julgamentos, mas o comportamento da disposição estimulado pelas respostas emocionais é um julgamento; avaliar os sentimentos é questionar os critérios em termos dos quais tais julgamentos são realizados.

Com a emergência da modernidade, a emoção torna-se de muitas maneiras uma questão de política de vida. No reino da sexualidade, a emoção como um meio de comunicação, e também de compromisso e de cooperação com os outros, é especialmente importante. O modelo do amor confluente sugere uma estrutura ética para a promoção de emoção não destrutiva na conduta do indivíduo e da vida comunitária. Proporciona a possibilidade de uma revitalização do erótico – não como uma habilidade especial das mulheres impuras, mas como uma qualidade genérica da sexualidade nas relações sociais formadas pela mutualidade, ao invés do poder desigual. O erotismo é o cultivo do sentimento, expresso pela sensação corporal, em um contexto comunicativo; uma arte de dar e receber prazer. Despojado do poder diferencial, ele pode reviver aquelas qualidades estéticas a que Marcuse se refere.

Definido desse modo, o erótico permanece oposto a todas as formas de instrumentalidade emocional nas relações sexuais. O erotismo é a sexualidade reintegrada em uma ampla variedade de propósitos emocionais, entre os quais o mais importante é a comunicação. Do ponto de vista do realismo utópico, o erotismo é resgatado daquele triunfo da vontade que, de Sade a Bataille, parece marcar a sua distinção. Interpretado, como já foi observado, não como um diagnóstico, mas como uma crítica, o universo sadeano é uma antiutopia que revela a possibilidade do seu oposto.

No passado, a sexualidade e a reprodução estruturavam uma à outra. Até se tornar completamente socializada, a reprodução era externa à atividade social como um fenômeno biológico; organizava o parentesco e também era organizada por ele, além de conectar a vida do indivíduo à sucessão das gerações. Quando diretamente ligada à reprodução, a sexualidade era um meio de transcendência. A atividade sexual criava um vínculo com a finitude do indivíduo, e ao mesmo tempo era a portadora da promessa de sua irrelevância; considerada em relação a um ciclo de gerações, a vida individual era parte de uma ordem simbólica mais abrangente. Para nós, a sexualidade ainda conduz um eco do transcendente. Mas se é este o caso, com certeza ela está cercada de uma aura de nostalgia e desilusão. Uma civilização sexualmente viciada é aquela em que a morte ficou despojada de significado; a esta altura, a política de vida implica uma renovação da espiritualidade. Deste ponto de vista, a sexualidade não é a antítese de uma civilização dedicada ao crescimento econômico e ao controle técnico, mas a incorporação do seu fracasso.

ÍNDICE REMISSIVO

abandono, 65-67
abordagem das relações objetais, 127-128
aborto, 90
aconselhamento, 40-41
afrodisíacos, 51-52
aids, 38, 97, 161
Alcoólicos Anônimos, 77, 87
alcoolismo, 100-103, 119
amizade, 169, 171, 185
   feminina, 55, 142, 154
   masculina, 55, 143
amor, 46, 68-69, 78, 187, 196
   apaixonado, 48, 49, 50, 54-58, 72-75, 219
   confluente, 72-75, 132, 206; e crianças,123; e intimidade, 97-98, 105; *ver também* relacionamento puro
   de companheiros, 54
   e família, 188-190, 193-194
   e intimidade, 56-58, 70, 97-98, 105, 196
   romântico, 10, 34, 36, 46, 47-58, 69-75, 98; e amor apaixonado, 48, 54-58; e amor confluente, 72-74;
amour passion, ver amor apaixonado
anatomopolítica, 31
   ver também biopoder
Ariès, P., 53
Ato de Deficiência Mental (1913), 90
autoestima, 121-123
autoidentidade, 28, 41, 42, 104, 121-123, 127-129, 192-194, 197, 214-218
   conversa consigo mesmo, 103
   e homens, 70-72, 130-132, 145-147, 168-169
   e homossexuais, 41
   e mulheres, 41, 62-64; no casamento, 65-71
   e relacionamento puro, 74
   e vício, 102
   reflexiva, 163
autonomia, 89, 91, 111, 194, 202-205
   das crianças, 129, 140-142
   e as mulheres, 37-38, 54-55, 64-68, 72, 141-142, 169

nos relacionamentos puros, 74, 153-155, 204-206, 211-213
Barnes, J., 13-17
beijo, 49
Benjamin, J., 130
biopoder, 30-31, 42, 189-191
bissexualidade, 161
busca do romance, 57-58, 60-63, 194;
　e casamento, 36, 48-52, 58, 67-68;
　e intimidade, 56-58, 70; e sexo, 51, 73, 214; maternidade,53-54, 58;
　mulheres e, 10, 53-55, 57-58, 67-71, 132-133, 187;
Cancian, F., 54
caráter (em Reich), 178
Carpenter, E., 175
casamento
　compromisso, 19
　convencional, 16, 31, 36, 48-50, 161-162, 166, 176, 180, 209-210;
　como objetivo das mulheres, 57-58, 63-69
　de companheiros, 54, 171
　e amor, 48-52, 56-58, 66-67
　e relacionamento puro, 170-171
　estresses no, 164, 170-171, 207
　fuga dos homens ao, 167-172
　mudanças no, 17, 21-22, 56, 67-69, 150-151, 165-166, 170-172, 209-210
　sexo extraconjugal, 49; feminino, 16, 22, 49, 156; masculino, 54
　ver também poligamia
Casanova de Seingalt, G. J., 95-96, 98
catolicismo, 29
Chodorow, N., 127-129, 140
Church, C., 116
civilização, ver sociedade
codependência, 99-122, 154
　e influência da infância, 110-123
　e vício, 102, 105-108
complexo de Édipo, 127-128, 130-131, 140, 145
compromisso, 17, 19, 109-111
　e homossexuais, 162, 163, 164

e relacionamento puro, 152, 172
fuga dos homens ao, 170-172
compulsão, 95, 178
　e vício, 83
concepção artificial, 38
confiança, 152, 156, 162, 208-209
confissão, conceito de, 29-30, 40, 181
　camaradagem feminina, 55
contracepção, 10, 30-31, 37
cristandade, 32, 50
culpa, 131, 193
cumplicidade feminina, ver poder
Dawson Lord, 37
democracia,
　pessoal, 200, 201, 205-209; mecanismos para, 209-213
　política, 201-205, 214-215
dependência, ver codependência
desigualdade, 102
desprendimento, 85-87, 105, 115-117
desvio sexual, 22-26,
　socialização do, 27-28, 32-33, 43-45, 192-193, 197
　ver também pluralismo
dieta, 42, 86
discurso sexual, 31-34, 39, 71
　ver também novelas
"Distanciamento Amoroso", 105
divórcio, 16, 72, 208
domesticidade, ver mulheres, trabalho
Ehrenreich, B., 166-168, 171
Elias, N., 75
Ellis, Havelock, 44, 96
emancipação, ver revolução sexual
emancipação sexual, 190, 196-200
emoção e razão, 11, 204, 218-221
erotismo, 185, 220
　ver também homens; mulheres
Escola de Frankfurt, 131
essencialismo, 128
estresse, 181
estupro, 96, 136-138
exclusividade, 153-155, 182-183
experiência, sequestro da, 193-195, 199
famílias, 18, 182, 190

natureza patriarcal das, 53, 148, 161, 172, 187
tamanho das, 37, 120, 192
fatores econômicos, 62-68, 164, 168, 171-172, 182, 213
ver também trabalho
feminismo, 9, 67, 129, 166
fetichismo, 98
abuso dos filhos, 82, 118-123, 206-207
conceito da "criança interior", 109-118
criação dos filhos, 53, 118-123, 146, 171, 193, 212; e desenvolvimento psicossexual dos, 30, 127, 129-131, 181-187, 140-146
e autoridade paterna/materna, 53, 102, 140
filhos, 36, 111-117, 196
invenção da infância, 53, 193
os homens, 21
ver também famílias; pais; mães; pais/mães
Finch, J., 109, 110-111
Formani, H., 132
Forward, S., citado, 93, 112, 118-119, 121
Foucault, M., 26, 27, 71, 78, 180, 183, 186, 190-192, 195-197
The History of Sexuality, 27-45
Fourier, C., 185
Freud, S., 35, 41-43, 127, 139-140, 153, 175, 178-185, 187, 188, 195, 218
Civilisation and Its Discontents, 178, 183
e a sexualidade feminina, 139-145
Three Essays, 44, 126-127
Frieden, Betty, 41
Fromm, E., 181
gênero, 9
problemas de identificação, 36, 217
"Gerri", 79-83, 91
Goffman, E., 75, 84
Goldberg, H., 165-169, 171-172, 187
gravidez, 89-91

Gullo, S., 116
Hall, L., 133
Hancock, E., 64-67
hedonismo, 182
Held, D., 202
Hendrick, G., 13, 97
histeria, 30, 35, 43
Hite, S., 149-150, 152-153, 155-157, 163-165
Hoffman, M., 160, 162
Hollibaugh, A., 35
homens, 120-201
amizades, 55, 141-142, 147
e violência, 136-139, 206-207
liberação masculina, 171-172
papel dominante dos, 10-11, 17, 93-95, 136-142, 164-166, 168-170, 186, 199-200
papel econômico dos, 164
psicologia dos, 15, 68-69, 102, 131, 140-142; comparada à das mulheres, 144-147; ética da conquista, 18, 92-93; e intimidade, 71, 146
sexualidade dos, 78-79, 94-98, 125-127, 129-139, 141, 196, 211; e amor romântico, 69-72; desenvolvimento sexual, 59, 61, 127; vício sexual, 92-95; *ver também* bissexualidade; homossexualidade
vulnerabilidade dos, 17, 132-136, 165, 187, 194; carência emocional, 73, 147-165, 169-170; fuga ao compromisso, 166-167, 172
homossexualidade, 22-26, 95, 138, 139, 181, 184
como modelo, 152, 162
compromisso na, 160-164, 168
e amor, 74
e dominação, 138, 158-160
mudanças na, 23-24, 28-29, 37-43, 45
problema de identidade da, 41, 163
sexualidade plástica na, 24, 38, 162
ver também lesbianismo
idealização, 50, 56

identidade sexual, *ver* autoidentidade
incesto, 120-121
individualismo afetivo, 189-190
intimidade, 17-18, 97-98, 109-111, 134, 153, 201
   e amizades masculinas, 142
   e amor romântico, 62, 73-74
   e democracia pessoal, 205-213; regras para, 209-213
   e famílias, 109-111, 117
   e relacionamentos viciados, 103, 104-108
   e sedução, 97
   problemas femininos com, 146
   problemas masculinos com, 146-148
   regras para, 209-211
   transformação da, 11, 173, 199, 201; e casamento, 68; e homens, 69-70, 148; inveja do pênis, 130, 140
   ver também poder
Irigaray, L., 127-129
Kasl, C., 79, 91, 104
Krauss, K., 98
Lacan, J., 127-129, 182
Lar
   a mulher deixando o, 64-67
   separação do local de trabalho, 36, 53-54, 58
Lash, C., 184
Leowald, H., 131
lesbianismo, 25, 35, 38, 41, 61, 138
   e comparado à sexualidade masculina, 155-159
   e relacionamento puro, 149-150; rompimento do, 150-154
   e sexo plástico, 156-159
liberdade sexual, *ver* emancipação sexual; sexo, igualdade sexual; revolução sexual
libido, 180-181, 183, 186-187
limites pessoais, 106
linguagem corporal, 181
loucura, 30, 89-90, 218
luto, 116
mães, 58; e filhos, 53, 115, 129-131, 139-145, 153; invenção da maternidade, 110, 111, 120, 121, 141, 146, 193, 195
Malinowski, B., 47
Marcuse, H., 178, 181-188, 190, 194, 197, 199, 220
Marx, K., 185
Maslow, A., 171
masoquismo, 139
masturbação, 25, 26, 28, 93, 144, 181
medicina, 167
medo, 38
morte, 38, 214; instinto de morte, 178, 182, 185; *ver também* abandono
movimento das mulheres, 187
mulheres, 9-10, 38, 43, 99-100, 135, 146-148, 189, 196, 201
   atividade sexual, 79-83
   autonomia das, *ver* autonomia
   codependentes, 99-100, 104-109
   cumplicidade com a dominação masculina, 17, 129-133, 137, 146, 170
   e casamento, 22, 34, 63, 64, 69, 156
   e família, 53, 120
   incompreensão das, 16-17, 53-54, 71, 126, 217-218; e amor romântico, 60-63; necessidade das, 78-79, 90; passividade das, 55-56, 57-58, 142; vulnerabilidade das, 194
   posição econômica, 62-63, 164, 168, 172-173
   psicologia das, 37-38, 40, 41, 65, 102, 144, 146-148
   sexualidade das, 10-11, 30, 34, 61, 62, 127; atividade sexual, 13, 16, 18-21, 32, 49, 50, 62, 145, 156; erotismo difuso, 145, 158,184, 201-206; ética da conquista, 57, 58, 81; igualdade, 22, 96-97, 181, 190; prazer sexual, 79-80, 159, 196; "respeitável" e "perdida", 16-17, 54, 74, 90, 125, 196; vício sexual, 79-82, 91-92

My Secret Life, 30
Nakken, C., 83
narcisismo, 105, 106, 144, 172, 184
neurose amorosa, 116
neurose de guerra, 116
"Nicki", 113-117
novelas românticas, 50, 51, 52, 55
orgasmo, 92, 94
   lésbico, 158-159
pai/mãe, 53, 110-118, 205-206, 209
   pais tóxicos, 118-123
   ver também filhos; famílias; pais
pais, 53, 112-115, 118-119
   e filhas, 142-143
   e filhos, 131
   "pai ausente", 131, 194
patriarca, *ver* famílias
paixão, *ver* amor
patriarca, *ver* famílias
perda, experiência da, 151
permissividade, 123, 186-188
perversões, *ver* desvios sexuais
pluralismo sexual, 44-45, 197-198, 204-205, 212
poder
   na homossexualidade, 138-139
   na sociedade, 27-28, 33, 39, 49, 177, 188-191, 203
   nos relacionamentos, 27-28, 82-83, 106, 211
   poder fálico, 10, 97, 129-137, 142, 145, 159, 162-163, 169; cumplicidade feminina com, 134-136, 139-148
   sobre os filhos, 110-112, 122-123
   ver também biopoder
poder fálico, *ver* poder
poligamia, 95-96
política de vida, 214
pornografia, 134-137, 181, 196
pós-estruturalismo, 127-129
prostituição, 139
psicologia, *ver* Freud; homens; mulheres
psiquiatria, 40-41, 103-104, 112-114, 126-131, 127, 139-148, 182, 219-220

radicalismo sexual, 184-190
raiva, 143, 170
reflexividade, institucional, 39-42, 50, 75, 88, 89, 98, 103-106, 122, 190-191, 194, 198-200, 206
   e casamento, 67-68
   reflexividade inversa, 100
Reich, W., 176-181, 186-190, 197, 199
relacionamentos, 68-69
   fixados, 102
   ver também casamento; relacionamento puro
relações de parentesco, 109-111
   "planejamento", 109-111
   ver também crianças; pais; mães; pais/mães
relacionamento puro, 10, 68-69, 103, 106-108, 149-173, 163, 205-221
   e casamento, 170
   e crianças, 112-113, 170-171
   e democracia, 201
   ver também autonomia
Relatórios Kinsey, 22-25, 40
   Novos (1990), 24
repressão institucional, 28, 49, 190-194, 196, 199-200
   hipótese repressiva (Foucault), 27-28, 89-90
   em Marcuse, 181-189
   em Reich, 175-181
reprodução, 192-193
   e situação dos homens, 169
   separação do sexo, 45, 220, 221; implicações homossexuais, 158-159
respeito, 50-51, 57, 58
"revolução sexual", 9, 15-22, 32-38, 200
   e desvio, 23-25
   e homossexuais, 23-25
romance, 50-52, 57
   no lesbianismo, 61-62
   ver também amor
Rubin, L., 18-22
Ryan, M., 53
Sade, Marquês de, 159, 220
sadomasoquismo, 158

sedução, 71-72, 95-98, 99
segurança, 88, 91, 102, 105, 129, 193
Sex Addicts Anonymous, 77-81
sexo, 29-32, 37-38, 192-194, 194-197, 198-199
   aberrante, *ver* desvio sexual
   como verdade, 183, 195
   conhecimento do, 21-22, 30, 34-35, 59, 132-133
   democrático, 212
   em Foucault, 27-45
   igualdade sexual, 9, 11, 15-16
   mudanças sociais no, 25-26, 32-38; heterossexuais, 16-20; homossexuais, 22-24, 38
   no amor romântico, 47-51, 73-74
   oral, 20
   padrão duplo, 16, 21-22, 53-55, 160-162
   permissividade, 24-25, 188
   pré-conjugal, 15, 18-22
   preocupação social com, 28, 34-36, 186-189, 194, 198-199, 214, 221; derivação do, 190
   ver também sexualidade episódica; homens; sexualidade plástica; pluralismo; mulheres
sexualidade episódica, 94, 132, 134, 138, 145, 151, 172, 212
   comparação entre lésbicas e homens, 155-158
   e a figura da mãe, 156
   e as mulheres, 147
   e intimidade, 163
sexualidade plástica, 10, 38, 126, 136, 159, 173, 184, 197-199
   e casamento, 170
   e mulheres, 67-68; lésbicas, 155-163
sociedade não repressiva, 200
   ver também repressão
sodomia, 20, 28
Stoltenberg, J., 217
Stone, L., 16, 189
Stopes, M., 133, 135, 139
sujeição, 158
Sunday Express, 37
Thompson, S., 59-63
trabalho, 89, 125, 147, 188
   doméstico, 55, 62-63, 102, 164, 212; divisão do trabalho, 153, 212
   e as mulheres, *ver* mulheres
   e disciplina sexual, 71, 182, 184, 190, 194
   ver também lesbianismo; amor romântico; casamento
travestismo, 216
Último Tango em Paris, 161
vergonha, 85, 90, 113, 122, 143-144, 193-194
vícios, 83-89, 165
   relacionamentos viciados, 103-108; e intimidade, 104-111
   sexuais, 78-82, 83-98, 122, 159-162, 195
violência, 11, 14-15, 17, 126, 169-170, 178, 206-207, 214
   feminina, 138
   masculina, 133-134, 136-139
virgindade, 18-19, 61
Wadsworth, B., citado, 54
Weber, M., 51, 219
Weeks, J., 44
Wittgenstein, L., 211
Wolff, C., 155, 156

SOBRE O LIVRO

Formato: 14 x 21 cm
Mancha: 25 x 44 paicas
Tipologia: Goudy Old Style 12/14
Papel: Pólen 80 g/m² (miolo)
Cartão Supremo 250g/m² (capa)
1ª *edição*: 1993

EQUIPE DE REALIZAÇÃO

Produção Gráfica
Sidnei Simonelli (Gerente)

Edição de Texto
Maria Apparecida F. M. Bussolotti (Assistente Editorial)
Bernadete dos Santos Abreu e
Fernanda Spinelli Rossi (Preparação de original)
Maria Eugênia de Bittencourt Regis e
Fernanda Spinelli Rossi (Revisão)

Editoração Eletrônica
Lourdes Guacira da Silva (Supervisão)
Luiza Odete André (Digitação)
André Pereira Hiray (Diagramação)

Projeto Visual
Lourdes Guacira da Silva

Capa
Atelier Amarillo